LES

DEMOISELLES

DE

MAGASIN

PAR

CH. PAUL DE KOCK

auteur de

Une Femme à trois Visages, Monsieur Cherami, Monsieur Choublanc, la Mare d'Auteuil, Cerisette, Une Gaillarde, etc.

(ENTIÈREMENT INÉDIT.)

« Le plaisir de l'amour est d'aimer, et l'on est plus heureux par la passion que l'on a, que par celle que l'on donne. »
Maximes de LA ROCHEFOUCAULD.

IV

PARIS

L. DE POTTER, LIBRAIRE-ÉDITEUR

RUE FONTAINE-MOLIÈRE, 27

LES
DEMOISELLES DE MAGASIN

NOUVEAUTÉS EN LECTURE
DANS TOUS LES CABINETS LITTÉRAIRES.

Les Demoiselles de Magasin, par Ch. Paul de Kock, 6 v. in-8.
Les Métamorphoses du Crime, par X. de Montépin, 6 v. in-8.
Coquelicot, par le vicomte Ponson du Terrail, 4 vol. in-8.
Le Mendiant de Tolède, par Molé-Gentilhomme et Constant Guéroult, 4 vol. in-8.
Les Buveurs d'absinthe, par Henry de Kock. 6 vol. in-8.
Les Chevaliers de l'As de Pique, par A. Blanquet. 4 v. in-8.
Les Bohêmes de Paris, par P. du Terrail, 7 v. in-8.
Crochetout le Corsaire, roman maritime par E. Capendu, 6 vol. in-8
Un crime mystérieux, par la Comtesse Dash, 3 vol. in-8.
Les Bateleurs de Paris, par Clémence Robert, 3 vol. in-8.
L'Oiseau du Désert, par Élie Berthet, 5 vol. in 8.
Ecoliers et Bandits, par Edouard Devicque, 4 vol. in-8
Les trois Hommes noirs, par Luc-Chardall, 4 vol. in-8.
Le Trou de Satan, par Ponson du Terrail, 3 v. in-8.
La Famille de Marsal, par Alexandre de Lavergne, 7 vol. in-8.
Les Compagnons de la Torche, par X. de Montépin, 5 vol. in-8.
Le Chevalier de la Renaudie, par Edouard Devicque, 5 vol. in-8.
Les Démons de la Mer, par Henry de Kock, 6 vol. in-8.
La Belle Antonia, par Ponson du Terrail, 3 vol. in-8.
Alain de Tinteniac, par Théodore Anne, 3 vol. in-8.
Le Gentilhomme Verrier, par Elie Berthet, 6 vol. in-8.
La Filleule d'Arlequin, par Maximilien Perrin, 2 vol. in-8.
Noélie, par Eugène Scribe, 4 vol. in-8.
Les Chevaliers du clair de lune, par Ponson du Terrail, 7 vol.
Amaury le Vengeur, par Ponson du Terrail, 7 vol. in-8.
L'Homme rouge, par Ernest Capendu, 5 vol. in-8.
L'Ame et l'ombre d'un Navire, par G. de La Landelle, 5 v.
La Sorcière du roi, par la comtesse Dash. 5 vol. in-8.
Les Sabotiers de la Forêt noire, par E. Gonzalès. 3 vol. in-8.
Le Nain du Diable, par la comtesse Dash. 4 vol. in-8.
Le Ménage Lambert, par A. de Gondrecourt. 2 vol. in-8.
Fleurette la Bouquetière, par Eugène Scribe. 6 vol. in-8.
Le Parc aux Biches, par Xavier de Montépin. 7 vol. in-8.
La Maitresse du Proscrit, par Emmanuel Gonzalès. 4 vol. in-8.
Les Etudiants de Heidelberg, histoire du siècle de Louis XIV, par le vicomte Ponson du Terrail. 7 vol. in-8.
Les Mystères de la Conscience, par Etienne Enault. 4 vol. in-8.
Les Gandins, par le vicomte Ponson du Terrail. 6 vol. in-8.
L'Homme des Bois, par Elie Berthet. 6 vol. in-8.
Les trois Fiancées, par Emmanuel Gonzalès. 3 vol. in-8.
La Tigresse des Flandres, par Constant Guéroult. 3 vol. in-8.
Daniel le laboureur, par Clémence Robert. 4 vol. in-8.
Les grands danseurs du roi, par Ch. Rabou. 3 vol. in-8.
L'Amour au bivouac, par A. de Gondrecourt. 5 vol. in-8.
Les Princes de Maquenoise, par H. de Saint-Georges. 6 v. in-8.
Le Cordonnier de la rue de la Lune, par Th. Anne. 4 v. in-8.
Le Roi des gueux, par Paul Féval. 6 vol. in-8.

Pour la suite des Nouveautés, demander le Catalogue général qui se distribue gratis.

WASSY. — IMPRIMERIE DE MOUGIN-DALLEMAGNE.

LES

DEMOISELLES

DE

MAGASIN

PAR

CH. PAUL DE KOCK

auteur de

Une Femme à trois Visages, Monsieur Cherami, Monsieur Choublanc, la Mare d'Auteuil, Cerisette, Une Gaillarde, etc.

(ENTIÈREMENT INÉDIT.)

« Le plaisir de l'amour est d'aimer, et l'on est plus heureux par la passion que l'on a, que par celle que l'on donne. »
Maximes de LA ROCHEFOUCAULD.

IV

PARIS

L. DE POTTER, LIBRAIRE-ÉDITEUR

RUE FONTAINE-MOLIÈRE, 27

LES
MÉTAMORPHOSES DU CRIME

PAR

XAVIER DE MONTÉPIN

Le titre de ce livre est étrange. — Le livre est plus étrange encore. — L'imagination ne saurait rêver rien de plus terrible, de plus curieux, de plus émouvant, que le drame mystérieux et sinistre qui se déroule dans le nouveau roman de l'auteur des *Marionnettes du Diable* et des *Compagnons de la Torche*.

Nous ne croyons pas qu'il soit possible de pousser plus loin l'intérêt. — Le lecteur oppressé, haletant, agité d'une curiosité fiévreuse, ne peut quitter le livre commencé et va tout d'une haleine de la première à la dernière page.

Nous devons ajouter que les événements dramatiques racontés avec un talent hors ligne, reposent sur une base réelle, et que la donnée primitive du roman est empruntée à un procès criminel oublié aujourd'hui, mais qui fit grand bruit en 1830, et préoccupa la France et l'Europe entières.

Le type effrayant de *Rodille*, les personnages si attendrissants, si sympathiques de *Jean Vaubaron*, de *Blanche*, de *Paul Mercier*, compteront parmi les créations les plus heureuses du plus brillant romancier contemporain.

LES BUVEURS D'ABSINTHE

PAR

HENRY DE KOCK.

Voici un nouveau livre d'Henry de Kock, appelé, comme succès, à rivaliser avec les meilleurs ouvrages de nos meilleurs romanciers. L'auteur du *Médecin des Voleurs*, des *Démons de la Mer*, et de tant d'autres romans qui ont leur place dans toutes les bibliothèques, s'est surpassé dans ses *Buveurs d'absinthe*. Sous ce titre original, et tout d'actualité, Henry de Kock a frondé une passion qui, malheureusement, tend de plus en plus à se répandre en France, comme celle d'une autre infernale liqueur, — le gin, — chez nos voisins d'outre-Manche. Au milieu des événements nombreux d'un drame des plus intéressants, Henry de Kock a montré ses *Buveurs d'absinthe* aux prises avec l'idiotisme, la folie, le crime, suites inévitables de leur manie dégénérée en vice; puis, à côté de ces types odieux il en a tracé d'autres, aimables ou amusants ceux-là, pour épanouir ou consoler l'âme du lecteur. C'est un livre qui restera que les *Buveurs d'absinthe*, non seulement comme un roman, mais aussi comme une étude utile à consulter, agréable à lire; comme une œuvre remarquable, tout à la fois comme philosophie et comme morale, comme style et comme portée.

Wassy. — Imprimerie de MOUGIN-DALLEMAGNE.

CHAPITRE VINGTIÈME

(Suite.)

XX

Le portrait de Boniface est bientôt terminé, il ne veut être fait que d'une seule façon. Cependant Sibille a quitté la pièce où l'on pose, mais il revient au bout d'un moment, en s'écriant d'un air très-joyeux :

» — Bien venu ! très-bien venu tous les » quatre... ce sera ravissant !

» — Qu'est-ce qui est bien venu ? » demande Triffouille.

» — C'est votre portrait !

» — Comment pouvez-vous déjà savoir » cela... vous n'avez pas regardé là-dedans.

» — J'ai vu votre réverbération.

» — Je voudrais bien voir cela aussi,
» moi.

» — Il n'y a plus moyen, c'est trop tard.
» Allons, payez, mon oncle, et partons...

» — Tiens! vous m'appelez votre oncle à
» présent ?

» — Il ne veut pas qne je l'appelle mon
» oncle! il est étonnant... Combien en vou-
» lez-vous de douzaines, de votre portrait?...

» — Il me semble que j'en aurai bien
» assez d'une...

» — Mais non, ça vous sera toujours
» utile... ne lésinez donc pas... trois dou-
» zaines pour mon oncle...

» — Allons, va pour trois douzaines, est-
» ce qu'on va me les donner tout de suite ?

» — Non, monsieur, c'est impossible,
» mais dans trois ou quatre jours on les
» portera chez vous.

» — Il nous en faut pour jeudi d'abord...
» vous entendez, monsieur le photographe...
» J'en veux pour jeudi, moi, je viendrai les
» chercher...

» — C'est inutile, dit Boniface, puisque
» monsieur aura la complaisance de me
» les envoyer à cette adresse, chez moi... »

Le jeune Peloton se retourne pour rire, puis reprenant son air sérieux, dit à Boniface :

« — A présent, payez et partons.

» — Combien vous dois-je, monsieur ?

» — Pour le tout ?

» — Comment le tout ?

» — Cela va sans dire... » s'écrie Sibille « c'est mon oncle qui paye le tout...

» — Quatre-vingts francs, monsieur.

» — Diable ! vous m'aviez dit que ce n'é- » tait pas cher, vous ?

» — Mais ce n'est pas cher non plus...
» vous serez superbe... et trois douzaines
» de fois... Allons, payez et filons. »

Boniface paie en faisant un peu la grimace, ces messieurs sortent de chez le photographe. Sibille est enchanté ; il se frotte les mains en s'écriant :

« — Ah ! je voudrais déjà être à jeudi.

» — Quoi ? vous êtes si pressé que cela

» de voir mon portrait... moi je ne le suis
» pas tant.

» — A jeudi, mon cher monsieur Boniface,
» nous aurons nos portraits et je vous réponds
» que nous ferons des conquêtes...

» — Vous aurez donc aussi le vôtre ?

» — Assurément... Oh! il y a longtemps
» que je me suis fait faire et de plusieurs
» façons... à jeudi.

» — C'est égal, » se dit Boniface en rentrant chez lui. « Quatre-vingts francs pour » une seule douzaine... c'est cher!...

CHAPITRE VINGT-ET-UNIÈME

XXI

Au Château-des-Fleurs.

Il était neuf heures du soir, la journée avait été magnifique, aussi la foule s'était-elle portée au Château-des-Fleurs. Les jardins publics étant devenus fort rares à Paris, il est naturel que ceux qui restent reçoivent nombreuse société, si celle des jardins où l'on danse n'est pas toujours de premier choix, du moins a-t-elle cet entrain, cette gaieté que l'on aime à rencontrer dans les endroits où l'on va chercher les distractions et le plaisir.

C'est vers ce moment que M. Boniface Triffouille et son pilote, le jeune Sibille, font leur entrée au Château-des-Fleurs. Ces messieurs y arrivent tard parce qu'ils ont tenu table longtemps, sans être positivement gris, ils ont tous deux cette pointe de gaieté qui dispose à faire mille folies. Déjà pour entrer Sibille au lieu de prendre un billet au bureau a voulu donner son portrait-carte au contrôleur qui n'a pas voulu l'accepter en paiement et le jeune commerçant a remis le portrait dans sa poche, en s'écriant :

» — Vous n'en voulez pas! vous êtes bien
» difficile mon cher... eh bien, tant mieux...
» j'en ai une douzaine sur moi, mais je suis
» persuadé que je n'en aurai pas assez, il
» m'en manquera... et vous, cher Boniface,
» avez-vous fait provision de vos miniatures
» photographiques?

» — Moi! » répond le provincial dont la voix est tant soit peu pâteuse et embarrassée, « moi! mais je ne sais pas si j'ai mon

» portrait sur moi... et d'ailleurs pourquoi
» faire ici ?

» — Il est étonnant, ce cher ami, il ne
» veut pas comprendre que cela lui servira
» pour faire une petite connaissance... plus
» ou moins honnête ! fouillez-vous, mon bon,
» fouillez-vous bien vite... cherchez vos
» cartes... »

M. Boniface cherche dans un volumineux

portefeuille qu'il porte toujours sur lui et s'écrie :

» — Tiens !... voilà le paquet ! je les ai
» tous les douze, tels qu'on me les a apportés
» chez moi...

» — Ah ! bravo alors, nous sommes des
» bons, nous allons en faire de ces distribu-
» tions...

» — Oh ! permettez, jeune Bibille, je ne

» veux pas donner comme cela mon portrait
» à tout le monde !

» — Laissez-vous donc guider par moi...
» je veux que ce soir toutes les femmes vous
» portent sur leur cœur.

» — Toutes ! c'est beaucoup...

» — Ou au moins une douzaine...

» — Tiens ! mais c'est fort gentil, ce jar-
» din... j'aperçois déjà des minois très-chif-
« fonnés !

» — Vous verrez bien autre chose de chiffonné !... allons du côté de la danse, je suis sûr que mes conquêtes y sont déjà !

» — Il faut aussi que je cherche monsieur Roger, monsieur Lucien Bardecourt...

» — Pourquoi faire ? Est-ce que vous voulez danser avec eux, est-ce que nous avons besoin de ces messieurs pour nous amuser... d'autant plus que monsieur Roger n'est pas gai du tout... Je ne lui ai

» jamais vu casser des chaises, monter sur
» des tables, envoyer des bouffées de fumée
» dans le visage de quelqu'un, faire des far-
» ces, enfin.

» — Permettez... Je n'ai point du tout
» envie de casser des chaises, moi! je ne
» m'amuse pas non plus comme cela...

» — Ah! J'aperçois Fanfinette... et Ani-
» sette... et Edelmone... trois infantes aux-
» quelles j'ai manqué de parole l'autre di-

» manche... mais nous leur ferons prendre » du punch à la romaine et elles nous ado- » reront... en avant, cher Boniface...

» — Fort bien, mais je vous préviens que » je ne veux pas faire la cour à mademoiselle » Edelmone.

» — Elle n'a plus l'œil noir...

» — C'est possible, mais elle boite tou- » jours. »

Pendant que Sibille entraîne Boniface du

côté où il a aperçu les trois demoiselles de magasin, Roger, qui était aussi au Château-des-Fleurs, se promenait dans toutes les allées en cherchant le beau Lucien Bardecourt, et il commençait à croire que monsieur Triffouille avait entendu de travers, et que celui qu'il croyait être l'amant de Marie, ne devait pas venir au Château-des-Fleurs, lorsqu'en se rapprochant de l'endroit où l'on dansait, il aperçoit la personne qu'il désirait rencontrer.

Lucien donnait le bras à une petite femme aux allures très-vives, à la tournure très-excentrique, de ces tournures qui sont comme une enseigne et vous disent sur-le-champ à qui vous avez affaire. Le physique était bien tel que Boniface l'avait dépeint, c'était bien en effet mademoiselle Cléopâtre, qui aimait tant les oranges.

Roger s'était trouvé assez souvent avec

Lucien pour pouvoir l'aborder, et celui-ci, qui baillait déjà au bras de sa maîtresse, est enchanté de rencontrer quelqu'un de connaissance.

« — Tiens, c'est monsieur Roger... Ah! » vous venez donc aussi dans les endroits où » l'on danse, vous?

» — Pourquoi pas? d'autant plus qu'on » n'est pas *obligé* d'y danser...

» — Oui, mais moi je danse et je

» veux danser! » s'écrie mademoiselle Cléopâtre en lançant un regard sur Roger, « mon petit Lucien je t'ai prévenu, je ne me » contente pas de faire ma tête en regardant » danser les autres... merci, ça ne me va » pas ! Je veux pincer mon quadrille... d'au- » tant plus qu'on le pince un peu bien son » quadrille... J'ai fait fureur à Mabille, à » Valentino chez Pilodo...

» — Tu as fait fureur partout ! je n'en

» doute pas? mais aujourd'hui je ne suis
» pas en train de danser... j'ai mal au
» genou...

» — Je m'en fiche, il faut que je danse!

» — Je ne t'en empêche pas, ma chère
» amie, tu sais bien que je ne suis pas ja-
» loux!.. accepte le premier qui t'invitera.

» — Et monsieur ne danse pas? »

Cette question s'adressait à Roger qui répond :

« — Je regrette de ne pouvoir vous servir
» de cavalier... Je suis au reste un trop mau-
» vais danseur et je serais indigne de figu-
» rer avec vous.

» — Ah! qui est-ce qui m'a bâti des
» hommes comme ça!.. Lucien, lâche-moi
» le bras... on m'invitera bien plus vite
» quand je serai seule. »

En effet, à peine mademoiselle Cléopâtre a-t-elle fait quelque pas dans l'enceinte où l'on danse, qu'un jeune homme vient l'inviter, et elle va se placer avec lui. Alors Lucien prend une chaise en disant :

« — Mettons-nous là, nous verrons danser Cléopâtre ; je vous certifie que cela en vaut la peine... elle fait des pas très-excentriques, elle est fort amusante ! »

Roger qui est enchanté de trouver l'occasion de causer en tête-à-tête avec Lucien, s'empresse de prendre une chaise près de lui et dit :

« — Elle m'a semblé en effet très-gaie, » cette demoiselle Cléopâtre... il n'y a pas » longtemps qu'elle est votre maîtresse sans » doute ?

» — Mais si... déjà assez longtemps... » deux mois ! c'est beaucoup pour moi... Je » l'aurais quittée déjà si elle n'était pas si » drôle...

» — Et la... la jeune Marie... la lingère...
» vous êtes donc brouillé avec elle? »

Lucien regarde Roger d'un air surpris en répondant :

« — Marie... la lingère... Comment? de
» quelle Marie me parlez-vous ?

» — Mais de cette jeune fille qui travaille
» dans un magasin de lingère, rue de Rivoli...
» dans la même maison que Thélénie.

» — Ah! oui... oui... la petite Marie, la

» mélancolique... mais fort jolie personne
» ma foi!.. Et qui donc vous a dit qu'elle
» avait été ma maîtresse ?

» — Je l'ai entendu dire... est-ce que ce
» n'est pas vrai?.. on pourrait s'être
» trompé... »

Lucien semble hésiter un moment, puis il
répond, en se dandinant sur sa chaise :

« — Non... non ! on ne s'est pas trompé,
» elle a été ma maîtresse... je ne me rap-

» pelais pas tout de suite... parce que j'en » ai tant connu !.. vous comprenez... dans le » nombre on s'embrouille !..

» — Et vous avez donc rompu avec elle, » puisque je vous vois aujourd'hui avec une » autre ?

» — Ah ! mon cher monsieur Roger, ceci » ne serait pas une raison ! est-ce qu'on n'a » qu'une maîtresse? allons donc ! ce serait » pour mourir d'ennui. Quant à moi, quand

» je n'en ai pas trois, je ne suis pas au com-
» plet! ce qui n'empêche pas encore les
» *extra*... les bonnes fortunes inattendues...
» est-ce que vous n'êtes pas comme moi ?

» — Ma foi non, je n'ai jamais eu qu'une
» seule maîtresse à la fois... je trouve que
» c'est bien assez... mais il ne faut pas plus
» disputer sur les goûts que sur les opinions.
» Alors... vous n'avez pas encore rompu avec
» cette jeune Marie.

» — Non... c'est-à-dire à peu près! cette
» petite a un caractère triste... qui ne cadre
» pas avec le mien... C'est pourquoi je la
» vois fort peu maintenant. Ah! parlez-moi
» de Cléopâtre!.. voilà une gaillarde, une lu-
» ronne avec laquelle il n'y a pas moyen de
« de s'ennuyer! vingt fois j'ai eu l'intention
» de la quitter, mais bah! pas possible!..
» elle crie, elle pleure, elle fume, elle jure,
» elle brise tout... elle fait des tours de force

» avec du vin de champagne... Quittez donc » une femme comme celle-là !.. elle sera fort » difficile à remplacer !

» — Mais... cette jeune Marie... vous » aimait sincèrement sans doute ? car on la » disait sage, et pour vous céder il a fallu » qu'elle crût aussi à votre amour...

» — Est-ce que nous ne faisons pas ac- » croire aux femmes tout ce que nous vou- » lons !.. du moment que nous leur donnons

» dans l'œil, elles ajoutent foi à tous nos dis-
» cours, et je crois même que nous leur di-
» rions que nous les trompons, qu'il nous
» est impossible d'être fidèles, de tenir nos
» serments, eh bien ! elles nous céderaient
» également....il faut qu'elles aiment, c'est
» dans leur tempéramment, et entre nous je
» crois qu'elles préfèrent les mauvais sujets
» aux amants constants... elles ont raison,

» l'un est bien plus gai que l'autre ! n'êtes-
» vous pas de mon avis? »

Roger n'écoutait plus Lucien, il pensait à Marie, il éprouvait une peine mêlée de dépit, il ne comprenait pas qu'ayant eu le bonheur de lui plaire, on put la quitter si légèrement et surtout lui préférer mademoiselle Cléopâtre, dont la danse commençait à attirer tous les regards.

« — Bon ! voilà Cléopâtre qui est en train.

» Voyez, on accourt de toutes parts pour la » voir danser... elle a un *balancez* étonnant... » elle jette son corps en arrière avec une » souplesse merveilleuse... Ah! bon, on se » met devant nous... il faut nous lever, car » nous ne voyons plus rien... »

Et monsieur Lucien quitte sa chaise afin de pouvoir jouir des succès de sa maîtresse; mais Roger qui avait appris de lui tout ce qu'il voulait savoir, profite du mouvement que les curieux font devant eux et s'éloigne de la danse pour aller penser à son aise à ce qu'il vient d'apprendre dans une des allées les moins fréquentées du jardin. Là, il peut tout à son aise pousser des soupirs en se disant encore :

« — Cette charmante Marie a été sa maî-
» tresse... et ce monsieur se fait gloire de la
» tromper... de ne plus l'aimer... de ne l'a-
» voir jamais aimé même!.. Est-ce que

» ce garçon-là sait ce que c'est que
» d'aimer! c'est un égoïste qui ne pense
» qu'à lui!.. Après tout il a raison... oui...
» en amour il faut être égoïste, et j'ai
» toujours été un niais, moi, parce que
» j'aimais réellement!... et que je n'avais
» qu'une maîtresse à la fois, aussi on m'a
» trompé, trahi, quitté... Décidément Lucien
» fait bien... mais j'ai beau vouloir faire
» comme lui... je n'y parviendrai jamais...

*

» le proverbe a bien raison qui dit : Chassez
» le naturel, il revient au galop !.. Mon na-
» turel est d'aimer... de désirer l'être... et si
» j'avais été l'amant de cette charmante
» Marie... ah ! je ne l'aurais pas trompée ! »

Pendant que Roger se promenait seul, Sibille avait entraîné Boniface vers un groupe de femmes qui se composait de mesdemoiselles Fanfinette, Anisette, Edelmone et de la jeune Nanine qui pour sa première sortie de son magasin, était charmée de se trouver avec sa cousine au Château-des-Fleurs qui lui semblait un séjour enchanteur.

En apercevant le jeune Peloton, ces demoiselles commencent à l'accabler d'injures, en s'écriant :

« — C'est comme cela que vous nous » faites poser !

» — Je vous ai attendu dimanche !

» — Et moi aussi !

» — Et moi aussi !

» — Voyez-vous ce petit scélérat, » dit Anisette, « il nous fesait aller toutes ; mon-
» sieur fait la cour à d'autres, il nous fait des
» traits !

» — Il veut faire le sultan !

» — Joli pacha !.. il lui manque... un
» sérail !

» — Nous devrions vous arracher les
» yeux !..

». — Ou vous donner le fouet...

» — Ah! mesdemoiselles, j'aime mieux » cela... je m'y prêterai même de bonne » grâce, pour peu que cela vous soit » agréable!

» — Taisez-vous, méchant gamin!

» — Dites donc, » murmure Boniface à l'oreille de Sibille, « est-ce pour vous en- » tendre traiter comme cela que vous étiez » si pressé de rejoindre ces demoiselles?

» — Laissez donc !.. tout cela est pour » rire ! est-ce que je ne les connais pas... » Vous allez être témoin d'un changement à » vue, comme à l'Opéra. »

Et se tournant vers les demoiselles, Sibille leur dit :

« — Je vous avais donné rendez-vous à » toutes, c'est vrai... excepté à mademoiselle » Nanine cependant; mais c'était afin de » vous offrir à chacune mon portrait, je pen-

» sais que le don de mon image vous serait
» agréable... mais il n'était pas fait, c'est
» pourquoi je vous ai manqué de parole...
» Aujourd'hui j'accourais pour vous l'offrir...
» avec mon ami Boniface... qui vous offrira
» aussi le sien... plus un punch à la romaine,
» au son de la musique de ce bal... mais
» puisque vous êtes si en colère...

— » Non! non! c'est fini!

— « C'est passé ! nous acceptons le » punch...

» — Et même les portraits...

» — Ah ! je savais bien que j'amolirais » votre cœur... Alors en avant du côté du » café... une dame sous chaque bras ! »

Fanfinette et Edelmone ont pris chacune un bras de Sibille, les deux autres demoiselles s'emparent de ceux de Boniface, qui est enchanté de son lot, et se met à fredonner en regardant Anisette qui est à sa gauche :

« Tous les hommes ont des yeux !...
» Un nez, des dents, des cheveux !...

» — Eh ! eh !.. vous connaissez cela, n'est-
» ce pas ? »

Anisette regarde Boniface d'un air étonné, en répondant :

« — Non, connais pas ! Qu'est-ce que
» c'est que cette chanson-là ?

» — Ah ! vous ne la connaissez pas !.. ma-

» licieuse... du reste c'est fort joli... et per-
» mettez-moi de vous adresser mes remercie-
» ments...

» — Des remerciements de quoi ?

» — De la chanson.

» — Quelle chanson ?

» — Mais celle que je vous chantais, et
» que vous avez eu la bonté de faire pour
» moi...

» — J'ai fait une chanson pour vous,

» moi !.. qui est-ce qui vous a fait cette » blague-là ?

» — Mais c'est Sibille... est-ce qu'il m'au- » rait menti ? »

Mademoiselle Anisette hésite un moment, puis elle répond :

« — Ah ! si c'est Sibille qui vous l'a dit !.. » alors c'est différent... oui... c'est que je » l'avais oubliée... mais la chanson est de » moi...

» — Vous me l'apprendrez, n'est-ce » pas ?..

» — Je vous l'apprendrai quand je m'en » souviendrai... Vous ne la savez donc pas ?

» — Je ne sais que le premier couplet.

» — Eh bien ! vous me l'apprendrez, ça » me rappellera peut-être les autres. »

On est arrivé près du café, on se place à une table, le punch à la romaine est commandé et en attendant qu'il arrive, Sibille fouille à sa poche et en tire un énorme paquet de portraits-cartes qu'il présente aux demoiselles en disant :

« — Choisissez. »

On regarde les cartes et Fanfinette s'écrie :

« — Mais c'est toujours vous, tout cela !

» — Certainement, moi sous différentes
» poses ; c'est pour cela que je vous dis :
» Choisissez ! ils sont tous frappant de res-
» semblance !

» — Oui, malheureusement...

» — Vous ne dites pas ce que vous pen-
» sez, belle Fanfinette.

» — En voilà un où vous avez l'air de
» danser...

» — Justement; je m'élance, je me tiens
» sur une pointe...

» — Dans celui-ci on ne vous voit qu'un
» œil...

» — Elle est étonnante cette jeune Nanine!

» puisque je suis de profil là, comment vou-
» lez-vous qu'on me voit les deux yeux? à
» moins qu'on n'ait mis le second à la place
» de l'oreille...

» — Oh! moi, j'aurais fait voir les deux
» yeux.

» — Alors ce ne serait plus un profil?

» — Mon petit, » s'écrie Anisette, « dans
» celui-ci vous avez l'air d'avoir mal au
» ventre.

» — Ah! c'est que c'est la dernière pose, » ça commençait à me fatiguer.

» — C'est bien dommage que vous ne te- » niez pas du papier à votre main... ça com- » pléterait l'effet...

» — Anisette! voilà une plaisanterie qui » sent bien son Pantin... on voit que vous » êtes née dans ce village odorant!

» — Eh bien! oui, je suis de Pantin et je » ne m'en cache pas! Quel mal y a-t-il à

» cela... c'est très-gentil Pantin, il y a de
» fort belles maisons de campagne par là ! et
» l'air y est très-sain !

» — Ça dépend de la manière de le
» prendre. Voyons, mesdemoiselles, faites
» votre choix, décidez-vous...

» — Je prends celui-ci.

» — Moi celui-là.

» — Moi je prends le petit qui a la colique,
» c'est le plus drôle. »

Sibille distribue ses portraits. On apporte le punch glacé que les demoiselles paraissent regarder avec infiniment plus de plaisir que la figure du petit commis.

Boniface met du punch dans les verres ; lorsqu'il a fini Sibille lui dit :

« — Maintenant à votre tour, cher ami.

» — A mon tour de quoi ?

» — De donner votre portrait à ces » dames.

» — Mon portrait... mais quelle néces-
» sité... je ne vois pas en quoi cela pourrait
» plaire à ces demoiselles... »

Les demoiselles de magasin qui ont beaucoup de considération pour une homme qui paie si volontiers du punch à la romaine, se mettent à répondre en chœur :

» — Ah ! si monsieur, ah ! si !.. donnez-
» nous votre portrait, ça nous fera bien
» plaisir.

» — Mesdemoiselles... c'est différent, du » moment que cela peut vous être agréable, » je suis très-heureux de vous l'offrir. »

Et Boniface sort de sa poche son paquet de cartes en murmurant :

« — Je vous assure que je suis très-em- » barrassé pour offrir mon portrait ! »

Mais Sibille s'empare du paquet en s'écriant :

« — Donnez-moi donc cela !.. je vais être

» le ditributeur de vos dons.. Voyons d'abord » le portrait... Ah! parfait, parlant... ad» mirable... c'est vous tout craché... voyez » mes silphydes...

» — Oh! oui... que c'est bien monsieur...

» — Son nez surtout! on dirait qu'il va » parler...

» — Est-elle bête cette Anisette! est-ce » que monsieur parle du nez!

» — Vous en êtes une autre, vous, Edel-

» mone, si vous ne comprenez pas ce que je » veux dire... Voyons les autres cartes...

» — Oh ! mesdemoiselles, c'est toujours le » même, je n'ai pas changé de pose moi.

» — Et vous avez très-bien fait, cela » évite la peine de choisir. »

Sibille distribue la photographie de Boniface, mais lorsqu'il présente un portrait à Nanine, celle-ci le refuse en disant :

« — Merci... qu'est-ce que vous voulez » que je fasse de ça ? »

Fanfinette lui allonge un coup de coude en lui glissant dans l'oreille :

« — Tu es bête comme un pot ! »

Et le jeune Peloton met les cartes dans sa poche en disant :

« — Tant mieux, il en restera davantage » et nous n'en aurons jamais assez ! »

Boniface Triffouille a été légèrement mortifié par le refus de la jeune Nanine, mais pour dissimuler cela, il s'empresse de remettre du punch dans les verres, et les jeunes filles le prennent avec délices.

« — Mesdemoiselles, » dit Peloton, « vous
» mordez au punch glacé !

» — Oui, c'est bien bon !

» — Moi j'adore cela !

» — Moi je n'en avais jamais pris !

» — Est-ce que vous n'avez pas encore
» dansé ?

» — Oh ! si fait... mais comprenez-vous
» un animal qui me fait danser, puis qui
» m'offre de me rafraîchir ; je lui réponds :

» — Mais je suis avec du monde.

» — Cela ne fait rien, me dit-il.

» Très-bien, nous rejoignons ces demoi-
» selles, il nous conduit à une table, le gar-
» çon arrive, il lui commande une chope et

» cinq verres !.. Là-dessus, nous nous levons
» toutes les quatre et nous laissons ce mon-
» sieur devant sa chope.

» — Ah ! il méritait bien cela ! c'est un
» malheureux qui n'avait que six sous dans
» sa poche !

» — Alors on n'offre pas à une dame de
» se rafraîchir !

» — Il espérait que vous n'accepteriez
pas. »

Le punch étant pris et payé par Boniface, on se rend à la danse, ces demoiselles tiennent beaucoup à être invitées, et M. Triffouille n'ose pas se risquer dans un quadrille, quant à Sibille, après leur avoir promis de les faire danser toutes, il disparaît tout à coup au moment de se mettre en place.

Le jeune négociant venait d'apercevoir une fort jolie blonde qu'il avait déjà rencontrée plusieurs fois dans les endroits publics et à laquelle il avait commencé à faire la cour, mais les personnes avec qui cette jeune femme était, l'avaient toujours empêché de faire plus ample connaissance avec elle. Cette fois elle n'est qu'avec une dame : et Sibille va bien vite l'inviter à danser, elle accepte, il a soin de se placer bien loin de l'endroit où il a laissé sa société.

Tout en dansant, Sibille fait l'aimable, le galant, il ne manque pas de se dire chef d'une maison de commerce, et dans une position à devenir incessamment millionnaire. Puisse il glisse son portrait dans la ceinture, de sa danseuse, qui rit et le laisse faire. Mais un peu avant la fin du quadrille, un orage se déclare et tout à coup la pluie tombe à torrents. Sibille prend sa danseuse sous son bras en lui disant :

— Sauvons-nous, nous allons prendre

» une voiture et je vous reconduis chez
» vous...

» — Mais mon amie... cette dame avec
» laquelle je suis venue !

» — Cette dame se fera probablement re-
» conduire de son côté... Dans cette foule
» qui se sauve, où voulez-vous la cher-
» cher... et si nous tardons, nous ne trou-
» verons plus de voiture à la porte.

» — Alors, tant pis, chacun pour soi !
» partons... »

Sibille entraîne la jolie blonde; tout le monde courait vers les voitures. Une petite citadine restait encore, notre jeune homme y fait monter sa dame, bien que le cocher lui crie :

« — Je suis retenu, monsieur... Je suis
» pris.

» — C'est moi qui vous ai retenu.

» — Vous?... Mais il me semble que » c'était un grand monsieur...

» — C'est que tout à l'heure je me tenais » sur mes pointes pour vous parler... Allons » vivement, il y a du pourboire... Place » Breda... »

Mais avant qu'il ait eu le temps de refermer la portière, un monsieur arrive avec une dame qu'il veut faire monter dans la voiture.

« — Vous voyez bien qu'il y a du monde, » lui crie Sibille.

« — Monsieur, j'avais retenu cette voiture,
» elle est à moi... vous n'aviez pas le droit
» de la prendre...

» — Vous voyez bien que si, puisque je
» suis dedans...

» — Cocher, ne vous ai-je pas retenu tout
» à l'heure ?

» — Monsieur m'a dit que c'était lui, et
» comme on n'y voit pas très-clair...

» — Monsieur en a menti... descendez bien
» vite...

» — Le plus souvent... je suis dedans...
» j'y reste... Cocher, en route !

» — Cocher ! je vous défends de marcher.
» Voyons, monsieur, finissons-en, je ne suis
» pas d'humeur à souffrir qu'on se moque
» de moi...

» — Laissez-nous donc tranquilles. Cocher
» en route...

» — Vous êtes un polisson !.. Un drôle...

» — Vous en êtes un autre...

» — Ah ! c'est trop fort... vous me ferez
» raison de cette offense...

» — Quand vous voudrez... depuis l'é-
» pingle jusqu'au canon, cela m'est égal...
» partez donc, cocher !

» — Votre carte, monsieur... »

En ce moment, un sergent de ville, entendant qu'on se dispute, s'approche de la voiture en disant :

« — Allons cocher, partez donc, qu'est-
» ce que vous faites-là... vous gênez la cir-
» culation... »

Mais le monsieur s'accroche à la portière en disant à Sibille :

« — Votre carte, lâche! ou je ne quitte
» pas cette place.

» — Tenez, la voilà ! sacrebleu ! je vous » ai dit que j'étais votre homme ! Je vous at- » tends demain matin... »

Et Sibille donne à ce monsieur une des cartes-portraits de Boniface. Alors ce monsieur lâche la portière et la voiture part au grand trot...

CHAPITRE VINGT-DEUXIÈME

XXII

L'amour est le plus fort.

Roger avait quitté le Château-des-Fleurs sans revoir Lucien, il n'avait rencontré, au moment de la pluie que Boniface Triffouille entouré par les quatre demoiselles auxquelles il avait payé du punch et qui se serraient contre lui en criant :

« — Oh ! monsieur, trouvez-nous une voi-
» ture... un omnibus... n'importe quoi, mais
» nous ne vous quittons pas...

» — Mais il n'y a plus une seule voiture à
» la porte, mesdemoiselles !...

» — Alors entrons au café et prenons

» quelque chose jusqu'à ce que la pluie
» cesse.

» — Volontiers, mesdemoiselles, mais où
» diable est Sibillé ?

» — C'est un polisson, un gamin... un
» rat! Il a fui de peur d'être obigé de nous
» payer une voiture... mais nous ne sorti-
» rons jamais avec lui, n'est-ce pas, mesde-
» moiselles ?

» — Non, non, jamais...

» — Et quant à son portrait, je sais bien
» ce que j'en ferai...

» — Et moi donc! je le clouerai sur la
» porte d'un certain endroit!

» — Oui, mais les miens, » dit Boniface,
« il les a pris et les a mis dans sa poche...
» puis il a oublié de me les rendre... de
» façon que je n'en ai plus un seul...

» — Monsieur! il est capable de les vendre
» en disant que c'est le portrait de lord

» *Wellington*... Ce Sibille est un bien mauvais
» sujet... »

Roger est rentré chez lui en se disant :

« — Je sais tout ce que je voulais savoir :
» Lucien a été... est peut-être encore l'amant
» de cette jeune fille qui a l'air si décent,
» si réservé... qui ne va jamais dans les
» parties de plaisir avec les autres... fiez-
» vous donc aux airs honnêtes... je n'ai plus
» besoin d'en apprendre davantage, et il est

» fort inutile que je cherche à revoir made-
» moiselle Marie... »

Et le lendemain, un peu avant neuf heures du matin, et au risque de trouver là Thélénie, le jeune artiste frappait à la porte de la chambre où logeaient les trois demoiselles de magasin...

C'est mademoiselle Tontaine, dite Boucibouià, qui ouvre, tenant dans sa main un œuf dur, qu'elle est en train d'éplucher et de manger en même temps, elle regarde un moment Roger, puis s'écrie :

« — Ah ! c'est monsieur Chose !... je ne
» sais plus votre nom, mais je vous ai vu
» plusieurs fois causant en bas avec Thélé-
» nie... C'est vous qui avez remplacé le petit
» Jules !... Ouf !... les œufs, ça étouffe !...
» Je suis bête, je mange trop vite... je ne
» peux jamais me corriger de ça... Vous
» vouliez parler à Thélénie ? mais vous n'a-

» vez donc pas regardé dans le magasin du
» parfumeur en bas... elle doit y être, à
» moins qu'on ne l'ait déjà envoyée en com-
» mission... Aujourd'hui contre son ordi-
» naire, elle est descendue de bonne heure,
» parce qu'hier elle a reçu un fameux savon
» de la parfumeuse, qui lui a signifié que si
» elle n'était pas plus matinale, elle lui don-
» nerait son compte... Ah ! je vais boire...
» de l'eau pure, c'est peu agréable ! mais

» quand on n'a pas mieux, il faut s'en con-
» tenter... »

Roger a laissé parler Tontaine sans l'interrompre; il regardait au fond de la chambre, et il avait aperçu Marie. La petite fleuriste aurait pu parler beaucoup plus longtemps, il aurait toujours eu l'air de l'écouter, mais mademoiselle Bouci-boulà, après avoir été boire un verre d'eau, prend un petit panier et cherche dans la partie de la chambre qui lui appartient, en disant :

« — Mon mouchoir... mon mouchoir...
» où donc l'ai-je fourré... il faut pourtant que
» je m'en aille, sans quoi j'aurais un savon
» aussi, moi... Il n'y a que Marie qu'on ne
» savonne pas, parce qu'elle est le bijou de
» sa maîtresse... Je ne le trouve pas... Ma-
» rie, tu n'as pas vu mon mouchoir ?...

» — Non, si je l'avais vu, je te le dirais » tout de suite.

» — Est-ce que je l'aurais laissé hier » au soir chez le pâtissier en achetant de la » frangipane... J'en suis capable... ah ! le » voilà !... je le sens... il est dans ma poche, » c'est un petit pain de seigle qui était des- » sus, qui m'empêchait de le sentir... je me » sauve... Bonjour, monsieur, si je rencontre » Thélénie, je lui dirai que vous êtes là... »

La grosse boulotte est partie, et Roger est toujours debout presqu'à l'entrée de la chambre.

Marie qui achevait une broderie et, depuis l'entrée du jeune homme, affectait de ne point lever les yeux de dessus son ouvrage, se décide cependant à relever la tête, en murmurant :

« — Monsieur, si vous avez l'intention

» d'attendre Thélénie, pourquoi ne vous as-
» seyez-vous pas ?

» — Je vous remercie, mademoiselle, je
» voulais en effet... c'est-à-dire... Je pourrais
» bien attendre un peu, mais je craindrais de
» vous gêner !...

» — Vous voyez bien, monsieur, que je
» continue de travailler... par conséquent,
» vous ne me gênez nullement...

» — Mais vous allez bientôt descendre,
» peut-être ?

» — Oh ! non, monsieur, pas avant midi.
» Madame, qui est en effet très-bonne pour
« moi, ne veut pas que je descende avant
» parce que j'ai été un peu malade ces jours-
» ci... et dans ma chambre je puis boire de
» la tisane, ce qui ne se pourrait guère dans
» le magasin... »

Roger s'est empressé de prendre une chaise

qu'il va placer auprès de Marie, et lui dit en s'asseyant :

« — Vous êtes malade? qu'avez-vous
» donc ?

» — Oh!... presque rien, monsieur... Un
» gros rhume que j'ai attrapé en bas... par-
» ce qu'on y est souvent entre deux airs...
» cela va déjà mieux... mais si vous n'avez
» pas dit à Thélénie que vous viendriez lui
» parler dans sa chambre, je crois que vous

» l'attendrez inutilement, elle restera dans
» son magasin...

» — Je vois bien que je vous gêne, made-
» moiselle, que ma présence vous est désa-
» gréable... vous craignez que je ne reste
» longtemps... mais je vais partir... »

Et Roger fait un mouvement comme pour se lever, bien qu'il n'en ait nullement l'intention.

Marie s'écrie :

« — Mon Dieu! monsieur, je ne vous ai
» pas dit cela pour que vous partiez... il me
» semble que je ne vous ai jamais témoigné
» que votre présence me fut désagréable...
» J'ai cru devoir vous avertir... voilà
» tout...

» — Pardon!... excusez-moi, mademoi-
» selle, je ne sais plus ce que je dis... parce
» que je n'ose pas toujours dire tout ce que
» je pense...

» — Vous avez tort ; il me semble qu'on » doit toujours dire ce que l'on pense...

» — Eh bien, tenez, je vais vous l'avouer. » Je n'attends pas du tout Thélénie... ce » n'est pas elle que je suis venu chercher ici. » Je suis monté dans l'espérance de vous » voir... vous... vous seule...

» — Moi, monsieur... qne pouvez-vous » donc avoir à me dire ?...

» — Oh ! bien des choses... mais je ne

» sais si j'oserai... Je crains de vous fâ-
» cher !...

» — Non monsieur, je vous promets que
» je ne me fâcherai pas... Voyons... parlez...

» — C'est que... je suis vraiment très-em-
» barrassé...

» — Ce que vous avez à me dire est donc
» bien terrible !...

» — Ce n'est pas cela... mais... made-
» moiselle, je suis allé hier au soir au Châ-
» teau-des-Fleurs... »

Marie ne peut s'empêcher de rire, en s'écriant :

« — Eh quoi ! c'est cela que vous ne saviez comment me dire, et qui vous embarrassait tant !...

» — Non, ce n'est pas cela... Mais au Château-des-Fleurs j'ai rencontré monsieur Lucien Bardecourt... »

Marie redevient sérieuse, son front se rembrunit et elle répond :

« — Eh bien, monsieur, en quoi cela » peut-il m'intéresser, que vous ayez rencon- » tré cette personne ?

» — C'est que monsieur Lucien n'était » pas seul... il avait à son bras une jeune » femme qui se nomme Cléopâtre... et qui » est sa maîtresse... Lui-même ne le cache » pas...

» — Qu'y a-t-il donc d'étonnant à cela, » il me semble que monsieur Lucien peut

» bien avoir une maîtresse et la mener au » Château-des-Fleurs... n'êtes-vous pas de » mon avis ? »

Roger a regardé attentivement Marie, et lorsqu'il a parlé de Cléopâtre, elle n'a paru nullement émue ; l'expression de ses yeux n'a point changé. Il reprend :

« — Oui, sans doute, monsieur Lucien a » le droit de promener cette demoiselle Cléo- » pâtre... mais j'avais cru... j'avais pensé... » que cela vous intéressait...

» — Moi, monsieur, et pourquoi cela » m'intéresserait-il ? »

Roger reste un moment indécis, enfin il balbutie :

— Alors, c'est donc entièrement fini, » vous êtes brouillée tout-à-fait avec ce Lu- » cien ?... »

Marie ne répond rien, mais elle porte son mouchoir sur ses yeux et bientôt des sanglots éclatent, tandis qu'elle murmure :

« — Mon Dieu ! je suis bien malheureuse,
» on aura donc toujours ce soupçon !...
» — Vous pleurez ! et c'est moi qui fait
» couler vos larmes !... » s'écrie Roger,
« Ah ! pardon, mille fois pardon !... Je savais
» bien que je ne devais pas vous dire cela !...
» — Ah ! vous ne deviez pas le penser,
» monsieur !...
» — Oh ! c'est malgré moi... mais... je
» ne sais plus me taire... Je ne puis plus

» vous cacher ce que j'éprouve... Ah ! vous
» avez bien dû le deviner d'ailleurs... vous
» avez dû lire dans mes yeux cet amour que
» vous m'avez inspiré... Cet amour qu'en
» vain j'ai voulu combattre, car je m'étais
» promis de ne plus aimer... mais, dès le
» premier jour que je vous vis, je me sentis
» entraîné vers vous... et si j'ai connu Thé-
» lénie, mon Dieu, ce n'était peut-être que
» dans l'espoir de vous revoir en revenant

» chez elle... chez elle avec qui vous logiez,
» c'était un moyen pour me retrouver ici...
» dans cette chambre, et, je vous le jure,
» c'est à cela d'abord que j'ai pensé...

» — Ne me dites pas tout cela, mon-
» sieur !...

» — Oh ! si, je dois vous le dire... vous-
» même tout-à-l'heure avez dit qu'il fallait
» avouer franchement sa pensée...

» — Et vous croyez aussi que ce M. Lucien

» a été mon amant, cela n'est pas, monsieur,
» je vous jure sur ma vie que cela n'est pas !
» J'avais rencontré ce Lucien dans la rue de
» la Pépinière, où ma lingère m'avait envoyée
» porter plusieurs achats faits par une de
» ses pratiques ; ce monsieur qui me poursuit
» et m'obsède sans cesse, vint me parler, et
» s'obstine à marcher à côté de moi, en vain
» je le suppliais de ne point m'accompagner !
« La rue est libre, me répondait-il, et vous

» ne sauriez empêcher que je suive le même
» chemin que vous. Tout-à-coup en conti-
» nuant à me parler, quoique je ne lui répon-
» disse point, il prononça un nom... que je
» ne puis entendre sans émotion, je me sen-
» tis défaillir... Je voulais continuer de mar-
» cher, mais je ne pouvais plus me soutenir
» sur mes jambes... C'est alors que ce mon-
» sieur m'offrit son bras en me jurant de ne
» plus me tenir de discours qui m'obsédaient.

» J'acceptai son bras... il m'était impossible » de faire autrement... et je n'avais pas fait » vingt pas avec lui, que nous rencontrâmes » Fanfinette... Ah! je pressentis alors tout » ce qu'on penserait de moi! Je ne m'étais » pas trompée, Fanfinette alla dire partout » que j'étais la maîtresse de monsieur Lucien » parce qu'elle m'avait vue à son bras. Et » voilà comment les actions les plus simples, » les plus innocentes peuvent avoir des appa» rences coupables!

» — Je vous crois, Marie, je vous crois, » dit Roger, en prenant une main que la jeune fille lui abandonne. « Non, vous ne » mentez pas... la fausseté n'a point cet ac- » cent... mais ce Lucien est un misérable !...

» — Qu'a-t-il donc fait ?

» — Ne le devinez-vous pas ? il affirme » que vous avez été sa maîtresse...

» — Oh ! c'est affreux, cela ! il ose dire... » Tenez, monsieur Roger, je ne suis qu'une

» femme, mais mettez-moi en présence de » cet homme, et je le forcerai à convenir » qu'il a menti... Oui... oh ! je suis cer- » taine que, devant moi, il n'osera pas soute- » nir son infamie...

» — Chère Marie, ne vous mettez point » en peine de ce Lucien, c'est moi qui me » charge de le punir comme il le mérite, s'il » ne désavoue pas ce qu'il a osé me dire sur » vous...

» — Mais alors même qu'il désavouerait,
» serez-vous entièrement convaincu, ne pen-
» serez-vous pas que c'est la peur qui fait
» dire à cet homme ce que vous voulez...
» non, non, je veux mieux que cela... Je veux
» me trouver un jour dans un lieu où vous
» m'aurez fait savoir que va ce Lucien, en
» me rencontrant, à coup sûr il viendra me
» parler... vous serez près de nous sans qu'il
» s'en doute, vous entendrez tout ce qu'il me

» dira... Alors, vous ne pourrez plus douter
» que cet homme a menti en assurant que
» j'ai été sa maîtresse...

» — Si vous le voulez ainsi, chère Marie,
» je ferai ce que vous désirez... Je saurai fa-
» cilement un jour à quelle promenade il doit
» se rendre... Je vous avertirai... alors vous
» pourrez exécuter votre plan... mais main-
» tenant, de grâce, dites-moi que vous me
» pardonnez de vous avoir soupçonnée...

» dites-moi que vous me permettez de vous » aimer, de vous adorer... de vous le dire...

» — Ah ! monsieur Roger, c'est bien mal » à moi de vous écouter... et Thélénie ?

» — Je vous ai déjà dit que cette liaison » n'était que passagère... que Thélénie, elle- » même est incapable de constance ! Vous » devez la connaître aussi bien que moi... ».

Roger ne peut achever, on ouvre la porte, il n'a que le temps de quitter bien vite la main de Marie, qu'il tenait encore dans la sienne, c'est Thélénie qui entre dans la chambre, et fait une moue très-prononcée, en voyant que Roger est assis fort près de Marie. Elle les regarde tous les deux d'un air vexé en disant :

« — C'est heureux que Bouci-boulà que » je viens de rencontrer dans la cour, m'ait » avertie!... sans cela je ne me serais jamais » doutée que vous étiez ici, monsieur, et que » faisiez-vous donc là... tout près de Marie,

» il paraît que vous avez des choses bien » mystérieuses à vous dire, car vous vous » parliez dans le nez !... »

Roger se hâte de quitter sa chaise, en répondant :

« — Voyons, Thélénie, est-ce que vous » allez encore faire une scène de jalousie !... » vous savez cependant que je ne les aime » pas !...

» — Si je fais des scènes c'est que depuis quel-

» que temps, je m'aperçois bien que vous ne
» m'aimez guère, oh ! je ne suis pas de la Saint-
» Jean ! Je ne prends pas les crapauds pour
» des grenouilles... Je ne dis pas que c'est
» positivement Marie qui vous plaît... car si
» j'en étais sûre... je lui arracherais les
» yeux... »

Et la belle brune a fait un mouvement comme pour aller vers Marie ; celle-ci ne bouge pas et ne lève pas la tête ; mais Roger s'empresse de retenir Thélénie ; il lui prend le bras et l'entraîne vers la porte en lui disant :

« — Allons, calmez-vous, mauvaise tête,
» je vous apportais un billet de spectacle, et
» je demandais à mademoiselle, si elle pen-
» sait que vous auriez la permission d'y
» aller...

» — Vraiment ! vous avez un billet ? et
» pour quel théâtre ?

» — Pour le théâtre de la porte Saint-
» Martin...

» — Ah ! Dieu ! où l'on donne *le Pied-de-*
» *Mouton* que j'ai tant envie de voir !.. que
» tout Paris a vu... dont tout le monde
» parle... Ah ! que vous êtes gentil... et moi
» qui le grondais... embrassez-moi bien
» vite !..

» — Non, je vous en veux à mon tour...

» — Je vous dis de m'embrasser... je

» n'aime pas rester fâchée, moi... Marie,
» dis-lui donc de m'embrasser, à ce vilain-
» là qui veut me bouder à présent ! »

Marie fait une singulière mine en balbutiant :

« — Mais il me semble que cela ne me
» regarde pas ! »

Pour mettre fin à ce débat, Roger se hâte de déposer un baiser sur le front de Thélénie qui s'écrie :

« — Tiens, il m'embrasse à présent
» comme s'il était mon parrain! C'est égal,
» descendons bien vite que je demande à
» madame si elle veut me permettre d'aller
» ce soir au spectacle... elle est capable de
» n'y consentir qu'à condition de profiter de
» mon billet et d'y venir avec moi...

» — Eh bien, vous irez ensemble... des-
» cendons... Mademoiselle, je vous présente
» mes hommages...

» — C'est bien! c'est bien!.. ses hom» mages à Marie... est-il cérémonieux!
» Allons, passez devant, beau monsieur!.. »

Et Thélénie pousse Roger dehors et sort après lui.

CHAPITRE VINGT-TROISIÈME

XXIII

Au pied du mur.

Le lendemain de son entrevue avec Marie, Roger, tout en travaillant dans son atelier, rêvait au moyen d'attirer le beau Lucien Bardecourt dans un endroit où la jeune fille pourrait le rencontrer et avoir un entretien avec lui ; entretien que lui, Roger, serait à portée d'entendre sans que ce monsieur s'en doutât.

Le jeune artiste ne soupçonnait plus Marie, il était persuadé qu'elle lui avait dit la vérité en lui jurant qu'elle n'avait jamais été la maîtresse de Lucien, mais il comprenait aussi que cette jeune fille voulait que cette vérité fut prouvée d'une manière irrécusable, et l'idée qui lui était venue était la meilleure, puisque celui qui l'avait calomniée prouverait lui-même qu'il avait menti, en renouvelant près d'elle ses tentatives de séduction.

Roger voudrait bien aussi en finir avec Thélénie, car il lui est pénible de feindre encore avec elle, et d'exposer Marie à ses accès de jalousies; il sait bien qu'une fois leur liaison rompue, la belle brune aura vite fait une autre connaissance et ne songera plus à lui. Mais il faut rompre, et briser une chaîne est souvent beaucoup plus difficile que de la former. La veille, Thélénie a été forcée de partager son billet de spectacle avec la maîtresse de son magasin. Mais Roger avait promis d'aller l'attendre à la sortie, et il n'a pas manqué de n'en rien faire.

Madame de Beauvert, en entrant dans l'atelier, vient donner un autre cours aux penéses de Roger.

Paola va se placer devant le jeune artiste et lui fait un sourire charmant, en disant :

« — Me voilà, monsieur, je gage que vous » ne m'attendiez pas ?

» — Madame... en effet... j'ignorais si » vous viendriez aujourd'hui, mais je n'en » suis pas moins à vos ordres.

» — Vous étiez en train de travailler ?

» — Oh ! je travaille toujours, moi !

» — Mais si ce que vous faites-là est

» pressé, continuez... je ne le suis pas, moi,
» j'attendrai... en causant avec vous... j'aime
» autant cela que poser. »

Et cette dame prend un siége et s'installe près du jeune homme.

Roger, qui aime autant en finir avec cette dame, va chercher le portrait commencé, et le place devant lui en disant :

« — Moi, madame, je ne veux pas abuser
» de votre complaisance et de vos moments,

» et puisque vous avez pris la peine de mon-
» ter ici, je vais sur-le-champ vous donner
» séance. »

Paola soupire légèrement, en murmurant :

« — Pris la peine!.. mais si ce n'est pas
» une peine... si c'est un plaisir pour moi de
» venir vous voir... est-ce que vous en êtes
» fâché?

» — Ah! madame, en vérité vous êtes

» trop bonne... Je ne sais comment vous re-
» mercier... Je vois que vous aimez les arts,
» que vous protégez les artistes... c'est bien
» cela ! »

La belle dame fait un mouvement d'impatience, en répondant :

« — Je me fiche pas mal des arts et des ar-
» tistes... je n'y connais rien aux arts... je
» n'ai jamais pu parvenir à jouer *Malbrouck*
» sur le piano !.. Si je monte ici, ce n'est pas

» du tout par amour pour la peinture et le » dessin...

» — Alors c'est pour avoir votre portrait... » désir bien naturel quand on a vos traits, » madame !.. »

Paola piétine, et frappe de sa main sur son genou en disant :

« — Ah ! que vous m'impatientez... que » vous m'agacez... que vous me faites » damner !.. Vous le savez très-bien pour-

» quoi je monte... vous faites semblant de ne
» le point deviner... mais vous ne me ferez
» pas croire que vous êtes un niais... un in-
» nocent qui ne connaît pas les femmes...
» qui ne sait pas lire dans leur cœur!

» — Moi! savoir lire dans le cœur d'une
» femme! oh! vous me croyez donc plus
» savant que *Caton*, que *Juvénal*, que *Tertu-*
» *lien*, que...

» — Assez! assez!.. est-ce que je con-
» nais tous ces messieurs-là...

» — Madame, permettez-moi de vous » faire reprendre la pose que vous avez » adoptée l'autre jour...

» — Eh bien, soit, monsieur, posez-moi » comme vous voudrez, car, quant à moi, je » ne me rappelle plus du tout comment » j'étais ! »

Roger place madame de Beauvert, celle-ci ne se tient jamais tranquille afin que l'artiste soit toujours obligé de retoucher à ses bras ou à sa tête. Il finit par s'impatienter et lui dit :

« — Madame, si vous ne voulez garder
» aucune des positions que je vous donne,
» nous n'en finirons jamais et je dois re-
» noncer à faire votre portrait...

» — Oh ! mon Dieu ! monsieur, je vois
» bien que vous vous fâchez... on se tiendra
» tranquille... ne vous mettez pas en colère...

» — Je ne me mets pas en colère, ma-
» dame, mais j'aime à bien employer mon

» temps, et nous le perdons en ce moment...

» — Ah! vous trouvez que vous perdez
» votre temps avec moi!... Ah! c'est très-
» joli! je ne me serais pas attendu à cela...
» vous êtes aimable... Allons, monsieur, ne
» froncez pas le sourcil, je ne bouge plus...
» vous voyez bien que je ne bouge plus!.. »

Roger est allé se remettre devant son modèle et commence à travailler, lorsque tout à coup Paola regarde au fond et aperçoit le portrait de Thélénie qui n'est plus tourné du côté de la muraille; aussitôt elle s'écrie :

» — Ah ! encore cette horrible tête !..
» cette figure que je ne peux pas souffrir...
» vous l'avez retournée !.. pourquoi l'avez-vous
» retournée, je l'avais placée comme elle de-
» vait être... vous tenez donc bien à la voir
» cette femme !..

» — Madame, je n'ai pas des portraits
» dans mon atelier pour qu'ils soient tournés

» du côté du mur... alors ce ne serait pas la
» peine de les avoir.

» — Monsieur, allez retourner ce portrait,
» je vous en prie, il me gêne, il m'empêche
» de poser... je vous assure que je vais me
» trouver mal si je le vois encore. »

Roger se lève en disant :

« — Mon Dieu, madame, puisque cela
» vous empêcherait de poser... je ne veux
» pas vous contrarier! »

Et il va retourner le tableau. Alors Paola s'écrie :

» — Ah !.. que c'est bien cela !.. que vous » êtes gentil !.. donnez-moi votre main, ne » soyez plus fâché avec moi !.. »

Roger ne peut se dispenser de prendre cette main qu'on lui tend et qui serre la sienne avec force, mais il se dégage et court reprendre sa place, tandis que Paola murmure :

« — Que je suis émue !.. Ah !.. si vous pouviez ne plus l'aimer cette femme !..

» — La tête un peu plus tournée à » gauche!..

» — Ah! qu'il m'ennuie... il ne pense » qu'à son ouvrage!.. J'espère au moins » qu'on nous laissera tranquille aujourd'hui » et que ce gros imbécile de l'autre jour ne » va pas revenir...

» — Je ne puis pas vous affirmer qu'il ne » viendra personne...

» — Mais il y a un moyen bien simple :

» en ôtant la clef qui est à votre porte en » dehors, personne ne pourra entrer et on » croira que vous n'y êtes pas.

» — Cela ne se peut pas, d'abord le con- » cierge sait fort bien que j'y suis...

» — Est-ce qu'on écoute les concierges ?

» — Ensuite, il peut me venir des » clients.., des commandes... l'éditeur pour » qui je fais des bois...

» — Eh bien ! tous ces gens-là s'en iront...

» Otez la clef, mon petit, je vous en prie !..

» — Je suis fâché d'être obligé de vous » refuser... mais j'ai des choses fort impor» tantes à dire à mon éditeur, et je suis bien » aise qu'il me trouve, sans cela il croirait » que je vais me promener au lieu de faire » les bois qu'il me confie... voilà ce que je ne » veux pas ! »

Paola se mord les lèvres de dépit en disant :

« — Ce que vous ne voulez pas !.. eh !
» mon Dieu ! c'est d'être seule avec moi...
» il n'y a pas besoin de prendre tant de dé-
» tours... Et quand cette femme qui est ac-
» crochée là-bas vient ici, je suis bien sûre
» que vous ne lui dites pas toutes ces rai-
» sons ! et que vous ôtez bien vite la clef de
» votre porte !.. Monstre que vous êtes !..
» oui, vous êtes un monstre ! car vous voyez
» bien que je vous aime, moi, que vous m'a-

» vez tourné la tête !.. Pourquoi !.. Ah ! par
» exemple ce n'est pas parce que vous m'a-
» vez fait la cour et que vous avez été galant
» avec moi... ce serait plutôt le contraire...:
» car les femmes sont si singulières... et
» puis moi je suis las d'hommages, de com-
» pliments, de fadeurs !.. S'entendre toujours
» dire qu'on vous adore ! c'est si monotone...
» si ennuyeux !.. Avec vous, c'est bien diffé-
» rent ! il faut que ce soit moi qui fasse la

» cour... qui fasse le rôle de l'amant!..

» Vous m'y avez forcée, méchant que vous
» êtes! car si je monte ici, si je viens vous
» trouver, lorsque vous avez refusé de venir
» me voir... Ah! il faut que vraiment vous
» m'ayez ensorcelée... et vous en êtes bien
» fier... vous jouissez maintenant de votre
» triomphe... je gage que vous vous étiez
» dit : Je la forcerai à s'humilier devant moi,
» à m'avouer sa faiblesse... eh bien, soyez

» satisfait, monsieur, cet aveu je l'ai fait...
» êtes-vous content? »

Au lieu d'être content, Roger est fort embarrassé, et ce qu'il venait d'entendre ne le rendait nullement fier. Ne sachant que répondre, il tâche de tourner la chose en plaisanterie et dit :

« — Savez-vous bien, madame, que c'est
» charmant tout ce que vous venez de me
» débiter-là... et que si j'étais un fat, je pour-

» rais prendre la chose au sérieux et croire
» que vraiment j'ai eu le bonheur de vous
» plaire, d'attendrir votre cœur!.. Mais grâce
» au ciel, la fatuité ne fut jamais mon dé-
» faut!.. et puis je ne crois pas les choses
» invraisemblables!.. Vous! dont tous nos
» lions, nos gandins briguent un sourire;
» vous qui êtes accablée de déclarations, qui
» voyez à vos pieds toutes les sommités dans
» la finance, dans les arts, dans le com-

» merce... vous deviendriez éprise d'un » simple artiste, bien modeste, bien inconnu » encore... Oh ! non, je ne croirai jamais » cela ! et vous me le répéteriez cent fois que » je me dirais : Cette dame joue fort bien la » comédie !.. elle veut la jouer avec moi, » s'engager dans les rôles à grande passion ! » après tout, où est le mal ? il faut bien s'a- » muser un peu ! »

Paola trépigne des pieds et s'écrie :

« — Mais c'est affreux ce que vous me
» dites-là !.. mais quel homme êtes-vous
» donc ?.. il ne veut pas croire qu'on l'aime,
» qu'on l'adore !.. qu'on éprouve pour lui ce
» qu'on n'avait jamais éprouvé pour nul
» autre... Que faut-il donc faire pour vous
» le persuader ? faut-il aller se jeter dans vos
» bras ?.. eh bien ! monsieur, je vais m'y
» jeter... »

Déjà la belle courtisane s'est levée pour

faire ce qu'elle dit, et Roger, tout interdit ne sait à quel saint se vouer, lorsque la porte de son atelier s'ouvre et Boniface paraît suivi de son ami Calvados. Paola est retombée sur sa chaise en murmurant :

« — Ah ! encore cet homme ! mais c'est
» donc une fatalité !.. Tant pis ! je ne m'en
» vais pas cette fois ! »

Roger respire et se dit :

« — Je l'échappe belle ! décidément mon-
» sieur Boniface est mon bon génie.

» — C'est moi, » s'écrie le provincial, « c'est encore moi qui viens vous voir tra- » vailler, parce que vous m'avez dit que cela » ne vous dérangeait pas... Madame j'ai bien » l'honneur... C'est madame que j'ai déjà eu » le plaisir de rencontrer ici... je crois ?.. »

Paola ne répond pas au salut de Boniface, elle fronce le sourcil, si elle osait elle lui ti- rerait la langue. Mais celui-ci continue :

« — Je ne suis pas seul... j'ai pris la li- » berté de vous amener mon ami... dont je

» vous ai souvent parlé, et qui désirait tant
» faire votre connaissance.

» — Vous avez fort bien fait, mon cher
» monsieur Boniface... Monsieur, avancez
» donc je vous en prie... et excusez-moi si je
» ne me lève pas... »

Calvados était resté un peu à l'entrée de l'atelier. Madame de Beauvert était assise de façon à tourner le dos à la porte, si bien que les personnes qui entraient ne pouvaient voir sa figure, à moins d'aller se mettre tout près de Roger. L'ami de Boniface s'avance en saluant l'artiste, et cette dame qu'il ne voit encore que par derrière.

« — Monsieur... je me présente sous les
» auspices de mon ami Triffouille... j'ai vu
» beaucoup de vos bois dans les illustra-
» tions... c'est charmant! bien dessiné, bien
» composé!..

» — Vous êtes trop indulgent, monsieur!

» — Non, je ne fais au reste que répéter
» tout ce que le monde dit. Je suis heureux
» de connaître l'auteur de tant de dessins ra-
» vissants... Mais vous travaillez, et je me
» demande si Boniface n'abuse pas de votre
» bonté en venant ainsi vous troubler !

» — Nullement, monsieur ! si pour entrer
» dans mon atelier, on attendait que je fusse
» à rien faire, on viendrait bien rarement me
» voir, et cela me priverait. »

Pendant que Calvados parlait, madame de Beauvert a paru éprouver comme un trouble subit, elle a un petit peu tourné la tête pour apercevoir ce monsieur, puis elle l'a détournée bien vite, parce que de son côté Calvados, grand amateur du beau sexe, cherchait déjà à voir cette dame dont on faisait le portrait.

« — Tu vois, mon cher ami, que je ne » t'ai pas trompé, » dit Boniface, « mon-

» sieur Roger n'est pas comme le greffier de
» Vaugirard, qui, dit la chronique, ne pou-
» vait pas écrire quand on le regardait...
» Moi, j'avoue que j'ai quelque chose de ce
» greffier-là... Quand j'ai à travailler, n'im-
» porte à quoi... et qu'on me regarde...
» c'est fini, je ne peux plus continuer...

» — Il serait fâcheux, » répond monsieur Calvados, en avançant encore pour tâcher d'apercevoir les traits de la dame qui pose,

« très-fâcheux que monsieur ne continuât
» pas ce qu'il fait en ce moment... car tout
» le monde y perdrait...

» — Toujours galant, Calvados... Oh!
» c'est un admirateur du beau sexe... aussi
» a-t-il épousé une fort jolie femme... »

En entendant prononcer le nom de Calvados, madame de Beauvert a tressauté sur son siége, et elle tourne encore plus sa tête pour que ce monsieur ne la voie pas en face, mais Roger lui dit :

« — Pardon, ma belle voisine, mais vous
» tournez beaucoup trop votre tête à droite.
» Je ne vous vois plus qu'en profil...

» — Eh bien, faites-moi de profil, » répond Paola d'une voix saccadée.

« — Mais, madame, puisque je vous ai
» commencée de trois quarts, je ne puis plus
» vous faire de profil... ou alors tout serait
» à refaire...

» — Eh bien... je suis fatiguée... je ne
» pose plus aujourd'hui... »

En disant ces mots, cette dame s'est levée vivement et voudrait s'en aller sans passer devant les deux messieurs qui viennent d'arriver, mais elle a beau se chercher un chemin, des chevalets, des bustes en plâtre, des cartons amoncelés sur des chaises lui barrent le passage. Calvados, qui voit l'embarras de cette dame, s'empresse de déranger quelques chaises et court lui offrir sa main, en lui disant :

« — Permettez-moi, madame, de vous
» frayer une route, car dans un atelier, il y
» a souvent des choses précieuses qu'il faut
» prendre garde de déranger... »

Paola n'ose pas refuser cette main qu'on lui présente. Calvados peut alors voir la figure de cette dame et il paraît tout surpris, tout ému, puis en conduisant Paola jusqu'à la porte, murmure :

« — Mais il me semble que j'ai déjà eu le

» plaisir de voir madame... je ne me rap-
» pelle plus où... cependant... attendez... »

Avant qu'il ait achevé sa phrase, la belle dame est partie en refermant brusquement la porte de l'atelier, et sans avoir répondu un seul mot à Calvados.

« — Décidément nous avons fait fuir
» cette dame! » dit Boniface, « et j'en suis
» désolé...

» — Et moi, je suis enchanté que vous

» soyiez venu faire cesser notre tête-à-tête, » s'écrie Roger, « vous savez bien, mon cher » monsieur Triffouille, ce que je vous ai déjà » dit à ce sujet. Mais à quoi rêve donc votre » ami, monsieur Calvados, la vue de ma » voisine a paru l'émotionner... Est-ce que » vous la connaissez... cela n'aurait rien de » surprenant... c'est une dame très répan- » due dans le monde...

» — Si je la connais! « s'écrie Calvados

en se frappant le front, « eh parbleu ! c'est » elle, j'en suis certain à présent, oui, c'est » elle... c'est Lucette !...

» — Lucette !... quoi, mon élégante voi- » sine, madame de Beauvert serait tout bon- » nement Lucette ?... Oh ! cela ne m'étonne- » rait pas du tout, monsieur Calvados, car » ces dames-là prennent ordinairement des » noms pompeux auxquels elles n'ont aucun » droit... et je crois que ma voisine a dû en » changer souvent...

» — Voyons, Calvados, ne te trompes-tu
» pas ? une belle dame... si parfumée, qui
» a des manières si grand genre... serait
» tout simplement une Lucette ? mais d'a-
» bord qu'est-ce que c'est que Lucette ?

» — Ah ! oui, monsieur Calvados, si ce
» n'est pas une indiscrétion, contez-nous
» donc cela ?

» — Volontiers ; messieurs, parbleu,
» entre hommes, on peut bien se conter ses

» petites fredaines de jeunesse... et d'ailleurs » ma femme elle-même sait bien qu'elle n'a » pas épousé un novice...

» — Asseyez-vous, messieurs. Monsieur » Calvados nous vous écoutons...

» — Lucette était à dix-sept ans une » simple brunisseuse, mais elle était extrê» mement jolie... d'après ce qu'elle est encore » aujourd'hui, vous devez juger ce qu'elle » devait être dans tout l'éclat de son prin-

» temps et de sa fraîcheur. Je fis sa connais-
» sance dans un petit bal champêtre aux
» environs de Paris, elle me permit de la re-
» conduire... bref, je fus son amant, elle
» prétendit que j'étais le premier et que je
» l'avais séduite ; j'étais alors assez joli gar-
» çon pour faire la conquête d'une jeune fille,
» cependant je suis persuadé que je n'avais
» pas eu son premier amour ! Notre liaison
» dura assez longtemps, mais je m'aperçus

» que mademoiselle Lucette me faisait ce
» qu'on appelle des traits... ou si vous ai-
» mez mieux qu'elle ne m'était pas fidèle.
» Sans vouloir en acquérir la preuve et lui
» faire des scènes, je cessai de la voir. Il y
» avait trois mois que j'avais rompu avec
» elle, lorsqu'un matin elle vint chez moi me
» dire : « Je suis enceinte, j'espère que
» vous aurez soin de votre enfant !... » Je
» lui répondis : « Ma chère amie, j'ai peut-

» être fait les oreilles à cet enfant-là, c'est
» possible ! mais à coup sûr d'autres y ont
» travaillé... car depuis longtemps je ne pos-
» sédais pas seul vos bonnes grâces...
» Quand une fille dans votre position veut
» que l'homme qu'elle a connu s'y intéresse,
» il faudrait d'abord qu'elle eût avec lui
» conservé une conduite sage, et n'eût point
» été courir avec d'autres. Je ne ferai donc
» rien pour votre poupon. » Mademoiselle

» Lucette me traita de canaille et s'en alla en » cassant ma cuvette. Quelques mois après, » j'appris qu'elle avait mis au monde une » fille; comme Lucette pouvait être gênée et » qu'après tout, il faut se montrer obligeant » pour les femmes qui ont eu l'air de vous » aimer, je lui envoyai cinq cents francs » avec mes compliments. Elle prit mes cinq » cents francs et dit à mon commissionnaire : « Celui qui vous envoie est un imbécile, ne

» manquez pas de lui dire que je lui dé-
» fends de jamais se représenter chez moi. »

» Bon, me dis-je, cela t'apprendra à en-
» voyer cinq cents francs à une bambo-
» cheuse qui s'est toujours moquée de toi.
» Le temps s'écoula, je rencontrai quelque-
» fois mademoiselle Lucette à la promenade
» ou au spectacle ; mais déjà elle était mise
» avec une élégance qui m'annonçait qu'elle
» ne devait plus exercer son état de brunis-

» seuse, et elle me regardait d'un air dédai-
» gneux, impertinent, qui me faisait rire et
» pitié; au spectacle elle était toujours placée
» aux avant-scènes; aux Champs-Elysées,
» elle trônait dans une calèche et c'était ra-
» rement avec le même cavalier que je la
» voyais, de tout cela je dus conclure ce qui
» probablement est arrivé : Que mademoi-
» selle Lucette, la modeste brunisseuse, était
» devenue une Lorette à la mode. Elle a

» changé de nom!... c'est tout sim-
» ple!... c'est la première chose que
» font ces dames qui changent de nom
» comme de robes et ne se gênent point pour
» se donner même quelquefois les titres de
» noblesse, auxquels on ne croit guère dès
» qu'on les entend parler. Lucette a-t-elle fait
» fortune, je l'ignore, mais je le désire pour
» elle, car je ne lui en veux pas, moi, bien
» que tout à l'heure elle ait encore fait la gri-

» mace en me reconnaissant ! mais il y avait
» au moins douze ans que je l'avais perdue
» de vue ! et quoiqu'elle soit encore assez
» bien... ah ! il m'a fallu rassembler tous
» mes souvenirs pour retrouver dans cette
» dame élégante, ma jolie brunisseuse d'au-
» trefois...

» — Quelle aventure étonnante ! » s'écrie Boniface, « cette belle dame a été brunis-
» seuse !

» — Mais, mon cher monsieur Boniface,
» cette histoire est au contraire fort com-
» mune et toute naturelle, » dit Roger,
« c'est ce qui arrive si souvent aux jeunes ou-
» vrières jolies et qui pour le plaisir abandon-
» nent le travail ! Quelques-unes, comme
» celle qui sort d'ici, arrivent à la fortune,
» ou du moins à mener le train des personnes
» riches ; mais la plus grande partie de ces
» dames n'ayant aucun ordre, ne s'inquié-

» tant pas de l'avenir, dissipent tout ce qu'on
» leur donne, font des dettes et quand les
» amoureux disparaissent avec leur beauté,
» tombent dans la misère où elles inspirent
» rarement la pitié parce qu'on se rappelle
» le luxe insolent qu'elles ont étalé, la vie
» folle qu'elles ont menée au temps de leur
» prospérité.

— » C'est bien cela, » dit Calvados, « mon-
» sieur connaît parfaitement ces dames ! c'est

» bien là la marche qu'elles suivent ! et vous
» dites que Lucette se fait appeler mainte-
» nant ?

» — Madame de Beauvert.

» — Madame de !.. Je suis surpris qu'elle
» n'ajoute pas à cela : la comtesse, ou la ba-
» ronne... mais cela viendra, et c'est votre
» voisine.

» — Elle demeure dans cette maison, elle
» occupe un superbe appartement au pre-
» mier.

» — Allons, je vois qu'elle est au pinacle
» maintenant ! mais gare la dégringolade.

» — Et cet enfant, cette fille qu'elle a eue,
» savez-vous ce qu'elle est devenue ?

» — Ah ! oui, » dit Boniface, « cet en-
» fant dont on voulait te faire les hon-
» neurs ?...

» — Ma foi, messieurs, vous m'en de-
» mandez trop... en envoyant cinq cents
» francs à Lucette, je lui donnais bien de quoi

» payer pendant deux ans les mois de nour-
» rice de son enfant !... J'ignore si elle l'a
» fait... franchement je ne m'en suis pas oc-
» cupé, parce que je n'ai jamais cru être le
» père de cet enfant et je me suis rappelé
» cet axiome : Dans le doute, abstiens-toi !
» mais je suis vraiment fâché, monsieur
» Roger, pour la première fois que je viens
» chez vous, d'avoir été la cause bien invo-
» lontaire de la fuite d'une personne dont
» vous faisiez le portrait...

» — Ne vous excusez pas, monsieur Cal-
» vados, je suis au contraire enchanté que
» votre rencontre avec mon élégante voisine
» ait eu lieu dans mon atelier... car je pense
» que cela pourra ôter à madame Lucette
» l'envie de monter si souvent ici.

» — Et elle vous ennuie... c'est pourtant
» encore une fort jolie femme... et qui ne pa-
» raît pas avoir plus de trente-trois à trente-
» quatre ans, bien qu'elle frise la quarantaine.

» — Je ne dis pas le contraire... mais je » n'en serai jamais amoureux !

» — Et toi, Calvados, il me semble que » la vue de ton ancienne maîtresse t'a ému ?

» — Surpris... étonné, oui... mais ému... » oh ! non... d'ailleurs je ne pense plus qu'à » ma femme... que je chéris plus que jamais » maintenant depuis que je suis sûr de mon » fait !

» — De quoi es-tu sûr ?

» — De la sagesse d'Eléonore...

» — Ah! l'épreuve avec ton neveu a donc » eu un résultat satisfaisant ?

» — Magnifique, mon cher! mon jeune » officier a mené la chose au pas de charge, » et il est revenu un matin me dire :

» — Ma tante est furieuse contre moi, je » lui ai dit que je l'adorais... elle me défend » de me représenter devant elle... elle m'a » presque chassé !..

» Moi, je riais comme un fou ! Alors j'ai » rassuré mon neveu, je lui ai dit :

» — Sois tranquille, je vais faire ta paix » avec ma femme.

» En effet, je suis allé trouver Eléonore, je » lui ai avoué que mon neveu n'avait agi » que par mes ordres, que c'était encore une » épreuve... mais je lui ai juré que ce serait » la dernière. Ma femme s'est d'abord fâchée » contre moi... j'ai eu beaucoup de peine à la

» ramener. Enfin elle m'a pardonné, et elle
» a été la première à me dire qu'elle n'en
» voulait plus à mon neveu. Ce pauvre gar-
» çon a été enchanté de cela... il est revenu
» bien vite à la maison, et il y vient tous les
» jours et ma femme veut qu'il dîne chez
» nous... et il lui sert de cavalier quand elle
» veut se promener et que je n'ai pas le temps
» de l'accompagner... et il fait le soir sa
» partie de bésigue quand je suis obligé de
» sortir...

» — Et tu es sûr de ton affaire ?

» — Oui, mon bon Boniface, je le dis » hautement devant monsieur Roger, j'ai » éprouvé la vertu de ma femme. C'était » hardi... c'était imprudent peut-être... mais » j'ai été plus heureux que sage. De cinq » épreuves mon épouse est sortie victorieuse ! » mais la dernière est surtout concluante, » parce que mon neveu, qui est officier, » est fort joli garçon et très-aimable. Aussi

» c'est bien fini. Je m'en tiens-là, je suis
» sûr de mon fait.

» — Je vous en fait mon compliment! »
dit Roger en accompagnant ces mots d'un sourire tant soit peu railleur.

Et les deux visiteurs, après avoir encore causé quelque temps, prennent congé de l'artiste.

CHAPITRE VINGT-QUATRIEME

XXIV

Une femme qui a ses nerfs.

Roger est enchanté que Boniface lui ait amené son ami Calvados, et que celui-ci ait rencontré chez lui madame de Beauvert, ci-devant Lucette; il ne doute pas que la crainte de retrouver ce *monsieur* dans son atelier n'empêche cette dame de venir le voir, et après l'aveu qu'elle lui a fait, il sent qu'il sera très-gauche lorsqu'il se retrouvera avec elle, non pas qu'il se sente disposé à être touché de l'amour qu'elle prétend éprouver pour lui, mais parce qu'elle a une manière de vouloir vous convaincre, qui met les gens dans une position très-embarrassante.

En effet, Paola est redescendue chez elle dans un état d'irritation qui frise l'attaque de nerfs, en entrant dans son salon, elle repousse si brusquement sa femme de chambre, que mademoiselle Léontine, qui voulait avertir sa maîtresse que le riche entrepreneur l'attendait, tombe sur une chaise placée tout contre un buffet, auquel elle donne une telle secousse, que plusieurs pièces de porcelaine placées dessus, sont renversées et se brisent sur le parquet.

Au bruit que produit la porcelaine qui se brise, monsieur Bernouillet passe sa tête joufflue et bête hors de la porte du salon; mais justement alors Paola s'y précipitait, et ce monsieur est repoussé et renversé comme la femme de chambre. Tout cela semble fort peu inquiéter Paola qui va se jeter sur une dormeuse, en s'écriant :

« — Ah! quelle fichue rencontre! faut-il » que j'aie du guignon!.. Ah! je suis furieuse,

» je voudrais briser quelque chose! »

Monsieur Bernouillet qui ne se relève pas facilement, parce que son ventre et ses douleurs rhumatismales s'y opposent, s'asseoit comme un Turc sur le tapis, dont heureusement pour lui le parquet est recouvert, en disant :

« — Ah ! vous avez envie de briser quel-
» que chose !.. mais il me semble que vous
» y avez bien réussi ; toutes les porcelaines

» qui paraient votre buffet sont à terre...

» Qu'est-ce que vous avez donc aujourd'hui,

» ma belle amie? vous faites tomber tout le

» monde ! moi ! votre femme de chambre ! .

» — Comment, vous êtes tombé ?..

» — Vous ne vous en étiez pas encore

» aperçu !..

» — Et comment donc avez-vous fait pour

» tomber ?

» — Ah ! voilà qui est joli ! c'est vous

» qui m'avez jeté par terre...

» — Je vous ai jeté par terre... moi !.. Ah ! » par exemple... est-ce que j'aurais la force... » quand bien même je le voudrais, de ren- » verser une masse comme vous !..

» — Une masse !.. vous m'avez très-bien » renversé, en vous jetant brusquement sur » la porte du salon... et j'étais derrière...

» — Si vous ne savez pas vous tenir sur » vos jambes, est-ce ma faute à moi ?.. je » vous trouve encore bien singulier de me » dire cela...

» — Je ne prétends pas que ce soit tout à » fait de votre faute... mais vous avez aussi » fait tomber Léontine...

» — Allons, bon! j'ai fait tomber ma » femme de chambre à présent!..

» — C'est-à-dire... elle n'est tombée que » sur une chaise... mais elle a cogné le » buffet... ce qui a renversé et brisé les por- » celaines !..

» — Taisez-vous, monsieur, taisez-vous,

» vous ne savez ce que vous dites... vous
» radotez !..

» — Comment je radote !..

» — Vous voyez bien que je souffre... que
» j'ai mes nerfs... et vous venez me dire que
» je vous ai jeté par terre... que j'ai renversé
» ma femme de chambre... brisé quelques
» vases... et quand cela serait !.. voyez donc
» le beau malheur !.. si je veux renverser,
» briser, mettre tout le monde à la porte...

» est-ce que je n'en ai pas le droit ? est-ce » que je ne suis pas la maîtresse chez » moi ?.. »

Monsieur Bernouillet qui est parvenu à se relever, s'approche doucement de Paola, et tâche de faire une petite voix flûtée, en lui disant :

» — Allons... ma toute belle... ne vous » emportez pas... vous savez bien que la co- » lère vous rend malade...

» — Alors, monsieur, si vous savez que
» la colère me fait du mal, pourquoi vous
» appliquez-vous à me contrarier... à m'a-
» gacer... à me tourmenter... pour quelques
» misérables vases de porcelaine qui se sont
» brisés... vous en achèterez d'autres, voilà
» tout!

» — Oui, certainement, je vous en achè-
» terai de plus beaux même...

» — Ce n'est donc pas la peine de me re-
» procher cela...

» — Je ne vous ai point fait de reproches,

» ma toute belle...

» — Si, monsieur, vous m'en avez fait...

» et dire que je vous ai jeté par terre...

» — J'ai eu tort...

» — Que je vous ai poussé...

» — C'est la porte seulement qui m'a

» poussé... oubliez tout cela...

» — Demandez moi pardon d'abord... je

» ne pardonne pas si vite, moi !..

» — Eh bien! oui... cher amie, je vous » demande pardon de... ce que vous m'avez... » de ce que je me suis jeté par terre...

» — A la bonne heure... Ah! je suis trop » bonne... je vous pardonne... donnez-moi » Cocote. »

Monsieur Bernouillet après avoir baisé la main que sa maîtresse a bien voulu lui donner, va chercher l'oiseau chéri qui était sur son perchoir et qui, lorsqu'il le prend, ne manque pas de s'écrier :

« — Ah ! qu'il m'embête celui-là !.. »

Ce qui ramène le sourire sur les traits de la belle dame qui prend sa perruche et lui baise tendrement la tête, en lui disant :

« — Ah ! tu es ma fidèle amie, toi !.. tu » ne me fais jamais de chagrin, toi !.. tu fais » ce que tu peux pour me distraire, toi !.. » aussi je t'aime !.. je t'aime !..

» — Prenez garde, belle dame, » murmure monsieur Bernouillet, « vous confiez

» votre délicieuse figure à ces oiseaux, et ils
» sont traîtres quelquefois...

» — Non, monsieur... non, il n'y a que
» que les hommes de traîtres ! de scélérats !
» d'infâmes !.. mais les perruches sont des
» amours...

» — J'espère, ma belle, que vous ne me
» rangez pas parmi les traîtres et les scé-
» lérats !..

» — Vous !.. eh ! mon Dieu, vous ne valez
» pas mieux que les autres...

» — Décidément vous avez des idées
» noires aujourd'hui !

» — Eh bien ! monsieur, procurez-moi
» des distractions... Votre calèche est-elle
» en bas ?

» — Oui sans doute, car je voulais vous
» proposer une promenade au bois...

» — Je ne veux pas aller au bois... tou-
» jours le bois avec vous... c'est monotone...
» je veux courir les boutiques, les magasins...

» J'ai beaucoup d'emplettes à faire... j'ai » besoin de dépenser de l'argent, il n'y a que » cela qui puisse me distraire !.. Votre por- » tefeuille est bien garni j'espère...

» — Toujours, belle dame, toujours, » quand je vais voir les dames je ne suis pas » homme à me faire prendre au dépourvu...

» — C'est bien... je veux acheter un » châle nouveau... quelques soieries... quel- » ques bijoux... enfin je verrai !.. Léontine ! » Léontine !.. »

La femme de chambre qui est tombée un peu rudement sur la chaise et s'est cognée la tête contre le buffet, arrive en faisant une moue très-prononcée, et dit d'un air d'humeur :

« — Que veux madame ?

» — Mon chapeau, mon châle... allons,
» dépêchez-vous !..

» — Je ne puis pas aller plus vite, ma-
» dame !

» — Qu'est-ce que c'est que cette ma-
» nière de me répondre, mademoiselle ?

» — Ah ! si madame n'est pas contente
» elle n'a qu'à me donner mon compte, je ne
» tiens pas à rester chez quelqu'un qui vous
» bouscule... au point que je me suis fait
» une bosse à la tête contre le buffet. »

Madame de Beauvert qui est infiniment plus douce avec sa femme de chambre qu'avec son entreteneur, prend un joli bonnet garni de dentelles, qu'elle n'a encore porté que deux fois, et le jette à mademoiselle Léontine en lui disant :

» — Allons, taisez-vous, mauvaise tête !..
» et prenez cela, je vous en fait cadeau. »

La camériste redevient charmante, elle ne songe plus à sa bosse au front et s'écrie :

» — Pour moi ce joli bonnet!.. Ah!.. que
» madame est bonne... ah ! que je suis con-
» tente... je le mettrai dimanche...

» — C'est bien, c'est bien... donnez-moi
» mon chapeau... et vous monsieur, remet-
» tez Cocote sur son perchoir. »

Monsieur Bernouillet n'est jamais enchanté quand il faut qu'il prenne l'oiseau dont il a peur, cependant il avance son bras sur lequel Cocotte va se placer en lui disant :

« — Ah ! c'te tête !.. »

Ce qui fait encore rire Paola, qui regarde Léontine en murmurant :

« — Est-elle drôle !.. est-elle amusante !..

» je ne la donnerais pas pour mille
» écus!.. »

Enfin madame est prête; elle descend avec monsieur Bernouillet, non sans lever la tête plusieurs fois pour regarder dans le haut de l'escalier; et cela recommence si souvent, que le gros entrepreneur lui dit :

« — Vous avez oublié quelque chose,
» belle amie?

» — Non, monsieur, je n'ai rien oublié,
» pourquoi me faites-vous cette question ?

» — C'est que je vous vois regarder en » l'air...

» — Eh bien! est-ce que je ne pourrai » pas regarder où je voudrai maintenant sans » que vous cherchiez à savoir pourquoi... » En vérité cela devient trop fort! vous tour- » neriez au tyran si je n'y prenais garde...

» — Oh! par exemple., ma toute belle!..

» — Assez! pas un mot de plus ou je ne » sors pas avec vous. »

Monsieur Bernouillet se tait en se disant :

« — Elle a ses nerfs... certainement elle
» en souffre aujourd'hui, ne la contrarions
» pas... cela se passera. »

On monte en calèche. Madame a une robe que sa crinoline gonfle tellement, qu'il faut qu'elle ait pour elle seule le fond de la calèche, et monsieur Bernouillet est obligé de se mettre sur le devant. Il essaie de nouer un entretien agréable, et selon son habitude parle du temps qu'il fait, de ses douleurs rhumatismales, et de ce qu'il a mangé à son déjeuner. Mais la belle dame ne l'écoute pas, elle est enfoncée dans ses réflexions et s'écrie tout à coup :

« — M'aimera-t-il !.. il n'a rien répondu !..

» — Ah ! il faudra bien qu'il m'aime ?.. »

Monsieur Bernouillet se permet de demander d'un air timide :

« — De qui donc voulez-vous être aimée,

» belle amie, et qui ne vous a pas répondu ?

» — Comment, monsieur ?.. qu'est-ce que » vous dites ?

» — Permettez... c'est vous qui venez de » vous écrier : M'aimera-t-il... il n'a rien » répondu ?..

» — Eh bien, je parlais de ma per- » ruche !

» — Mais vous avez dit : Il faudra bien » qu'*il* m'aime... au masculin.

» — Eh bien, monsieur, je pensais à » mon oiseau... c'est du masculin il me » semble ?

» — C'est juste... pardon... je suis une » buse !

» — Ah ! il est heureux que vous vous en » aperceviez !.. »

Madame de Beauvert fait arrêter la calèche devant son bijoutier habituel; elle descend, monsieur Bernouillet s'apprête à en faire autant, elle lui dit :

« — Restez-là... je n'ai pas besoin de
» vous pour choisir ce qui me plaira, au
» contraire, quand vous êtes à côté de moi
» cela me gêne...

» — Cependant, ma belle amie...

» — Je vous dis de rester dans la voi-
» ture... est-ce que vous ne m'avez pas
» compris?..

» — Pardonnez-moi, mais, c'est que...

» — Ah! si vous ne voulez pas m'at-

» tendre, partez avec la voiture... je ne vous
» retiens pas... je me passerai fort bien de
» vous!..

» — Mais je n'ai jamais eu l'intention de
» m'en aller, belle amie!..

» — Alors, restez-là...

» — Il ne faut pas la contrarier! » se dit l'entrepreneur en se rasseyant dans la calèche, « les jolies femmes ont comme cela des
» jours où elles se fâchent pour un rien! »

On trouvera peut-être que ce monsieur pousse un peu loin l'obéissance aux caprices de sa maîtresse; mais ce portrait n'est cependant pas outré, et pour ceux qui ont vu de ces sots enrichis près de ces dames à la mode, il est encore d'une couleur fort douce: et notez bien que ce n'est pas l'amour qui rend ces messieurs si souples, si empressés près de leur belle; ils sont trop épais, trop obtus pour connaître ce sentiment; la vanité seule les fait agir. C'est par vanité qu'ils veulent avoir pour maîtresse la femme la plus à la mode; c'est par vanité qu'ils la couvrent de diamants, de cachemires et de dentelles; et cette femme qui connaît son pouvoir sur ces *Midas*, ne manque pas d'en abuser et de les faire aller comme des marionnettes; bien certaine que si elle était douce, aimable, raisonnable, économe, ces messieurs la quitteraient bien vite, en se disant :

« — Ma maîtresse a bien peur de me » perdre... c'est qu'elle n'a pas la vogue. »

Paola est remontée dans la voiture suivie d'un commis qui lui remet un petit carton fermé. Elle dit à Bernouillet :

« — Donnez à monsieur cinq cents » francs... vous voyez que j'ai été raison- » nable, j'ai dépensé bien peu!.. »

L'entrepreneur paie sans faire la moindre grimace, puis il dit à Paola :

« — Peut-on voir ce que vous venez d'a-
» cheter?

» — Mon Dieu oui!.. ouvrez le carton,
» vous verrez...

» — Tiens! c'est une chaîne en or...

» — Oui, c'est une chaîne...

» — Mais vous en avez déjà deux...

» — Eh bien, ça m'en fera trois... Est-
» ce que vous ne trouvez pas celle-ci jolie?

» — Pardonnez-moi... elle est très-belle...

» mais un peu forte... un peu lourde pour une
» dame, c'est plutôt une chaîne d'homme
» ceci...

» — Bah! vous ne vous y connaissez
» pas! »

Et Paola referme le petit carton qu'elle fourre derrière elle, en murmurant :

« — Ah ! je triompherai ! je triom-
» pherai !..

» — Vous voulez triompher, ma chère
» amie, et de quoi ?..

» — Qu'est-ce que vous me demandez, » monsieur ?

» — Je vous demande de qui vous voulez » triompher ?..

» — En vérité, monsieur, je ne vous com- » prends pas ! à propos de quoi me faites- » vous cette question ?

» — Mais parce que, en glissant ce car- » ton derrière vous, vous venez de vous écrier : » Ah ! je triompherai ! je triompherai !..

» — Eh bien, monsieur, en ayant de su-
» perbes bijoux, est-ce qu'on ne l'emporte
» pas sur ses rivales... est-ce qu'on ne
» triomphe pas ? car c'est un triomphe que
» d'être proclamée la mieux mise, la plus
» élégante.

» — C'est parfaitement vrai !.. j'aurais
» dû deviner que c'était cela que vous vou-
» liez dire... où donc avais-je l'esprit ?

» — Ah ! je ne sais pas où vous l'avez,
» mais vous le cachez bien aujourd'hui !..

» Ah! voilà mon magasin d'étoffes... de soie-
» ries... cocher, arrêtez...

» — Dois-je descendre cette fois, belle
» dame?

» — Mais non, encore une fois, restez
» donc dans la voiture, vous y êtes bien
» mieux que si vous me suiviez dans ces
» immenses salles... »

Et la belle dame descend lestement de la calèche pour entrer dans le magasin de nouveautés; tandis que monsieur Bernouillet étend ses jambes dans la voiture, en se disant :

« — Au fait, je suis tout aussi bien ici...
» Ah ! si elle entrait dans un magasin de
» mode... c'est différent, j'insisterais pour
» l'accompagner, parce qu'il y a là de jolis
» miroirs... des figures chiffonnées à lorgner !
» Mais il n'y a pas de danger que jamais
» Paola me mène chez sa modiste... elle sait
» que je suis trop mauvais sujet !.. eh !
» eh ! eh !.. »

Le gros monsieur, enchanté de sa réflexion se fait rire tout seul, puis comme sa maîtresse reste fort longtemps dans le magasin de nouveautés, il finit par s'endormir dans la calèche. Il est réveillé par Paola qui remonte en voiture, et lui crie aux oreilles :

« — Comment, monsieur, vous dor-
» mez !...

» — Ma foi... je crois que oui... je m'é-
» tais endormi en m'amusant... »

» — Payez monsieur... qui attend.

» — Combien madame ?

» — Attendez que je regarde ma note... » Six cent quinze francs... je n'ai presque » rien acheté... Je ne suis pas en goût au- » jourd'hui... »

M. Bernouillet paie le commis, qui a placé sur le devant de la voiture plusieurs pièces d'étoffes, si bien que l'entrepreneur n'ose pas remuer de peur de faire tomber un paquet.

« — Chez moi, » dit Paola au cocher.

M. Bernouillet examine les paquets qui l'entourent en murmurant :

« — Peut-on voir ?

» — Mon Dieu ! regardez si vous voulez... » mais des étoffes pour robes, est-ce que » vous vous connaissez à cela !...

» — Mais oui !... mais oui !... je vois » bien ce qui est beau... »

Et M. Bernouillet, ouvrant le papier qui enveloppe un des paquets, y trouve plusieurs devant de gilets choisis dans ce qu'il y a de plus élégant et de plus à la mode. Il développe un des morceaux d'étoffes en disant :

« — Mais, ma chère amie, vous ne pour-
» rez jamais vous faire une robe avec
» cela ! c'est trop petit !... »

Paola ne peut retenir un éclat de rire, mais elle referme le paquet en disant :

« — A coup sûr, il n'y a pas même une
» manche là-dedans !...

» — On dirait des devants de gilet.

» — Mon Dieu! monsieur, on peut faire » des gilets avec toutes les étoffes possibles, » mais on peut aussi faire des toques... des » bérets avec cela... en vérité, vous devenez » trop tatillon!... Laissez cela... Je vous » défends de toucher à mes achats...

» — J'obéis, belle dame... j'obéis. »

Et M. Bernouillet s'incline en souriant, car il se figure que sa maîtresse veut lui faire une surprise, et que c'est à son intention qu'elle a acheté des devants de gilet.

On est arrivé devant la demeure de madame, qui prie le concierge de lui monter ses emplettes. L'entrepreneur s'apprête cette fois à descendre de voiture, sa maîtresse l'arrête en lui disant :

« — Restez donc là... il est inutile que » vous descendiez...

» — Comment... Est-ce que je ne pourrais » pas monter avec vous... je serais bien aise, » j'aurais voulu... belle amie...

» — Rien du tout. J'ai très-mal à la tête,

» je vais me coucher et je veux qu'on me laisse » dormir...

» — Ah ! ça me contrarie... parce que...

» — Je vous dis que j'ai la migraine, il » me semble qu'il n'y a rien à répliquer à » cela. Adieu, monsieur, à demain, il faut » espérer que je serais mieux portante... »

La belle dame est rentrée dans sa maison et M. Bernouillet se place dans le fond de la calèche, en se disant :

« — Quand elle a ses nerfs, il n'y a pas » moyen d'en rien obtenir... »

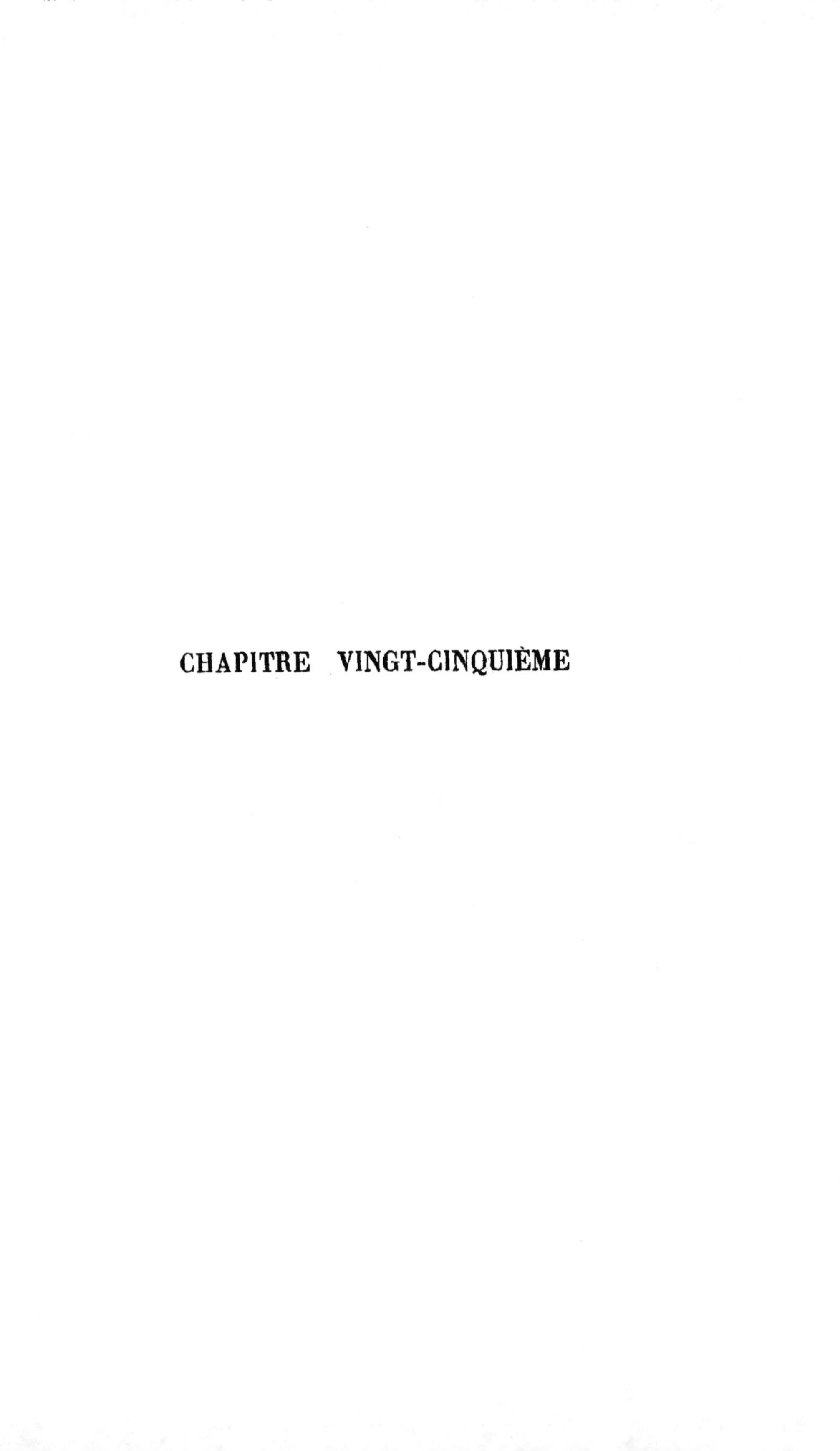

CHAPITRE VINGT-CINQUIÈME

XXV

Revue de parfumeurs.

En rentrant chez lui, ce même soir, Roger reçoit de son concierge un grand carton plat, soigneusement ficelé et cacheté :

« — Qu'est-ce que c'est que cela ? » demanda le jeune artiste.

» — Je n'en sais rien, monsieur, mais on
» m'a remis cela pour vous... vous voyez
» bien d'ailleurs qu'il y a sur le carton : pour
» M. Edouard Roger.

» — Et qui vous a remis ce carton ?.. »

Le portier se gratte le nez, sourit, puis répond :

« — Monsieur... c'est un... c'est un com-
» missionnaire..

» — Du quartier ?...

» — Oh ! oui... c'est-à-dire... je n'en » sais rien...

» — Enfin... de quelle part venait-il ?

» — Il ne me l'a pas dit.

» — Monsieur le concierge, j'ai dans l'i- » dée que vous en savez beaucoup plus... » il y a donc du mystère dans cet envoi ?

» — Eh ! eh !... je ne sais pas, mon- » sieur, il y a peut-être du mystère, » mais je vous jure qu'on m'a dit de vous

» dire que c'était un commissionnaire qui » l'avait apporté...

» — Très-bien !... au reste, en ouvrant » le carton, il est probable que je saurai » d'où cela vient...

» — Si monsieur veut l'ouvrir dans ma » loge?...

» — Non, merci, je préfère l'ouvrir chez » moi... »

Roger monte chez lui en soupesant le carton et se dit :

« — Ce sont probablement des dessins » que l'on m'envoie et dont on veut avoir la » reproduction sur bois. Nous allons examiner cela... »

Arrivé dans son atelier, le jeune artiste allume sa lampe et s'empresse de déficeler le carton.

» — Comme c'est fermé avec précaution... » des cachets sur les nœuds de la ficelle... » on n'a pas coutume de prendre tant de soins

» pour des gravures ou des dessins... cela
» pique ma curiosité... C'est peut-être une
» attrappe... entre artistes on s'en permet
» assez souvent... enfin nous allons bien
» voir...

Le couvercle est enlevé : Roger reste stupéfait en apercevant des pièces de soieries pour devants de gilet, il y en a quatre de la dernière élégance, puis sous les gilets est un autre petit carton renfermant la superbe chaîne en or que nous avons vu acheter dans la journée par la maîtresse de M. Bernouillet, puis enfin, à côté de la chaîne, il y a une lettre que Roger s'empresse de décacheter en se disant :

« — Une chaîne d'or, des devants de gilet » magnifiques ! tout cela ne peut pas être » pour moi... il doit y avoir erreur... Cette » lettre va, j'espère, me donner la clef de » cette énigme... Lisons... Diable ! l'écriture » n'est pas belle... n'importe, j'en viendrai à » bout :

« Je vous ai dit que je vous aimais, et à
» celui qu'on aime, il est doux de faire de
» petits présents. J'espère que vous ne refu-
» serez pas ce que renferme ce carton, et
» que vous croirez que je ne joue point la
» comédie, en vous disant que vous m'avez
» fait connaître un sentiment dont jusqu'a-
» lors je n'avais fait que rire, mais que je
» suis obligée maintenant de prendre au sé-
» rieux.

» A bientôt,

» Votre Paola. »

« — Ma Paola... ma Paola!... » s'écrie
» Roger en froissant avec colère le billet,
» mais je n'en veux pas, de ma Paola...
» pour qui donc me prend-elle, cette dame
» qui m'envoie une chaîne d'or et de quoi
» me faire des gilets !. . Ah ! c'est trop fort...
» ma belle voisine présume apparemment,
» parce que je loge au cinquième, que je n'ai
» pas le moyen de me vêtir... que je suis de
» ces jeunes gens qui se font entretenir par
» les femmes !.. Ah ! morbleu ! madame, je ne

» vous ai pas donné le droit de me juger ainsi,
» et je vous trouve bien impertinente, avec
» vos cadeaux !... vous croyez par là me sé-
» duire... parvenir à vous faire aimer...
» mais si vous n'étiez pas une sotte, vous
» sauriez que les plus beaux présents ne font
» pas venir l'amour là où il ne veut pas aller,
» car tout ce que vous donnent ces imbéciles
» qui ont la bonté de se ruiner pour vous,
» ne vous fait pas éprouver pour eux une
» parcelle de ce sentiment... Ah ! j'ai bien

» envie de descendre sur-le-champ reporter
» ce carton à la voisine... mais il est minuit
» et demi... On dort peut-être... et tout cela
» ne vaut pas la peine que je réveille per-
» sonne... demain matin, je répondrai à sa
» lettre et je la lui enverrai avec son carton,
» reficelé et recacheté, par ce sournois de
» concierge qui, j'en suis certain, savait fort
» bien d'où me venait tout cela... »

Le lendemain, sur les dix heures du matin, madame de Beauvert n'était pas encore levée mais elle ne dormait pas. L'image de Roger, dont elle était réellement amoureuse, ne lui laissait plus de repos. Enchantée de ce qu'elle a fait la veille, cette dame qui croit qu'un jeune homme ne résiste pas plus aux cadeaux qu'une lorette ou une biche, disons tout de suite qu'une *mal peignée*, puisque, pour le moment, c'est sous cette épithète que l'on désigne une courtisane, (nous avons pour ces dames un vocabulaire qui menace de devenir trop, volumineux !) Paola est donc persuadée que le jeune artiste a été séduit par les charmants présents qu'elle lui a faits. Elle a réfléchi que la rencontre de Calvados n'a pu en rien lui nuire près de Roger ; d'abord son ancien amant a fort bien pu ne pas la reconnaître, et dans le cas contraire, que lui importe que Roger sache qu'elle a été Lucette ! ce n'est pas avec lui qu'elle veut trancher de la grande dame et se donner des airs de baronne. Elle doit donc plus que jamais se flatter de faire la conquête de son jeune voisin, aussi compte-t-elle bien monter à son atelier aussitôt après son déjeuner.

Madame se promettait donc une journée délicieuse lorsqu'elle voit entrer dans sa chambre Léontine qui porte un carton et une lettre.

« — Que me voulez-vous... je ne vous » avais pas sonnée, » dit Paola.

» — C'est vrai, madame... mais on vient » d'apporter pour vous une lettre et ce car- » ton... et comme je savais que madame » était éveillée...

» — Qui donc a apporté cela ?

» — Le concierge, madame.

» — Encore quelques cadeaux de cet im-
» bécile de Bernouillet ! s'il croit pour cela
» que je le trouverai moins assommant...
» voyons... approchez... mon Dieu... mais...
» ce carton... c'est celui que j'avais envoyé
» hier à Roger !...

» — Oui, madame... ce doit être celui-là,
» car le portier m'a dit que c'était M. Roger
» qui l'avait prié de vous apporter tout cela.

» — Comment, vous sayez que cela venait
» de Roger et vous ne le disiez pas !...

» — Madame, je n'ai pas encore eu le » temps...

» — Et il y a une lettre ?

» — Là voilà, madame.

» — Donnez et laissez-moi. »

La femme de chambre voit que les nouvelles amours de sa maîtresse ne vont pas bien, elle s'éclipse vivement. Paola se hâte de décacheter la lettre de son jeune voisin et lit.

« Madame, je pourrais me fâcher bien » fort de ce que vous m'avez classé parmi

» ces hommes qui ne rougisssent pas de de-
» voir à des femmes leur toilette et les moyens
» de briller dans le monde ; je préfère en
» rire et vous dire en passant que vous con-
» naissez bien peu les hommes, madame,
» vous qui, cependant avez eu tant d'occa-
» sions pour les étudier. Quand vous rencon-
» trerez un artiste qui aime son art, qui
» aime le travail, qui s'y livre avec ardeur,
» soyez persuadée que celui-là ne veut par-
» venir et briller que par lui-même, par son
» talent, et qu'il met sa réputation, son hon-

» neur, bien au-dessus d'une chaîne d'or et
» d'un gilet plus ou moins élégant. Les
» hommes qui ne se font remarquer que par
» leur toilette sont des sots, on les contem-
» ple quelques fois, mais c'est de la même
» façon que l'on admire ces mannequins
» qui sont placés devant la boutique d'un
» tailleur. Je ne tiens pas à leur ressembler.
» Je vous renvoie vos présents, madame,
» vous en trouverez facilement un placement
» plus avantageux, et quant à ce sentiment
» que vous prétendez éprouver pour moi, je

» ne puis y répondre, car vous savez bien » que mon cœur n'est pas libre, mais tant » d'adorateurs vous entourent qu'il vous sera » bien facile d'oublier ce caprice, qui passera » rapidement comme tous ceux d'une jolie » femme.

» Recevez mes salutations,

» ROGER. »

» — Il refuse! » s'écrie Paola, après avoir lu, et d'un coup de pied elle envoie le carton au milieu de la chambre, « il ne veut

» rien accepter de moi... il a donc un cœur » de rocher, ce monsieur... mais voyons... » relisons la fin : *Quant à ce sentiment que* » *vous prétendez éprouver pour moi*... (il en » doute le monstre... il en doute encore !...) » *Je ne puis y répondre, car vous savez bien* » *que mon cœur n'est pas libre !*... Ah ! la » voilà, la cause de ses refus... La cause de » ce mépris pour ce que je lui offre... son » cœur n'est pas libre ! et c'est pour cela » qu'il ne peut pas m'aimer... Imbécile... » Est-ce que cela nous gêne, cela, nous autres

» femmes!... Est-ce qu'il n'y a pas toujours
» au fond de notre cœur de la place pour un
» nouvel amour... Oh! cette femme... cette
» parfumeuse... ou cette demoiselle de ma-
» gasin... est-ce que je ne parviendrai pas à
» les brouiller... à rompre cette liaison qui
» empêche Roger de m'aimer... car si son
» cœur était libre il m'aimerait, sa lettre le
» dit assez clairement... Oh! je la maudis,
» cette femme... je la déteste... je veux lui
» arracher les yeux. »

Et, dans les transports de jalousie qui l'animent, cette dame empoigne son oreiller et le jette sur sa femme de chambre qui venait dire à sa maîtresse que M. Bernouillet accourait s'informer si sa migraine de la veille était passée et demandait à entrer.

« — Je ne veux pas le voir! » s'écrie Paola, « il m'obsède!... il m'agace, cet » homme... qu'il me fiche le camp...

» — Mais, madame... que lui dirai-je ?

» — Tout ce que tu voudras... que je » prends un lavement.

» — Ah! ah! ah!... oui, madame, je » vais lui dire cela.

Mademoiselle Léontine s'éloigne en riant. Paola a déjà oublié son entrepreneur, elle se refourre dans son lit en murmurant :

« — Oui, je dois avant tout le brouiller » avec sa maîtresse... malheureusement je » ne sais pas dans quelle boutique elle perche, » cette demoiselle... mais elle est chez un » parfumeur, eh! bien, je visiterai tous les » magasins de parfumerie de Paris... oui, » oui... c'est cela... mais comment savoir où

» demeurent tous les parfumeurs... Parbleu !
» avec l'Almanach du commerce... je trou-
» verai toutes les adresses. Oh ! c'est cela,
» mon idée est excellente... mais il me faut
» l'Almanach du commerce... je ne l'ai pas.
» Léontine ! Léontine ! ah mon Dieu ! elle ne
» m'entends pas à présent... je gage que
» c'est ce gros bœuf de Bernouillet qui la
» retient !... »

Madame se jette sur le cordon de sonnette qui est contre son lit, elle le tire et le retire avec tant de force, qu'il lui reste dans la main ; alors monsieur Bernouillet se présente tenant à sa main un énorme vase de nuit qu'il présente à sa belle maîtresse, en lui disant :

« — Votre femme de chambre cause sur
» le carré avec une voisine... elle ne vous a
» pas entendue... j'ai présumé à la violence
» de vos coups de sonnette que vous étiez
» très-pressée... que vous vouliez le rendre...
» et j'ai pris cela... »

L'entrepreneur était si drôle avec son air inquiet et son vase nocturne, que Paola ne peut retenir une explosion de rire qui se prolonge jusqu'à l'arrivée de Léontine, qui fait *chorus* avec sa maîtresse, en voyant ce que monsieur Bernouillet tient à sa main. Enfin ces dames se calment et Paola dit à sa femme de chambre :

« — Otez donc cela à monsieur ?..

» — Vous ne le demandiez donc pas, » belle amie ?

» — Eh non, monsieur, je ne demandais » pas cela... Savez-vous que vous êtes bien

» hardi de pénétrer chez-moi quand j'avais » défendu ma porte...

» — Je vous ai quittée hier si souffrante... » j'étais alarmé sur votre santé...

» — Enfin, puisque vous voilà, vous allez » me servir à quelque chose.

» — A vos ordres, tendre amie.

» — Avez-vous un almanach de com- » merce chez vous, monsieur ?

» — Oui, certainement... cela m'est in- » dispensable... Vous désirez savoir une » adresse, c'est facile...

» — C'est plus qu'une adresse, il me » faut celle de tous les parfumeurs de » Paris...

» — De tous ! eh mon Dieu ! mais savez-» vous qu'il y en a considérablement à » Paris?

» — Je le pense bien, mais il me faut » leur adresse et surtout qu'on n'en oublie » pas une seule... Vous avez des commis » chez vous, l'un d'eux peut bien faire cette » besogne...

» — Assurément ! mais que voulez-vous » donc faire chez tant de parfumeurs?

» — Eh bien, monsieur, puisqu'il faut » tout vous dire !.. une de mes amies a reçu » en cadeau une pommade qui embaume... » c'est une espèce de *cold cream;* on en met » légèrement sur son visage, cela vous donne » le teint frais et empêche qu'il ne vienne » jamais aucune ride sur la peau...

» — Oh ! mais voilà qui est précieux !..

» — Mon amie... n'a pas voulu me don-

» ner l'adresse du parfumeur qui a inventé
» ce nouveau cosmétique...

» — C'est bien vilain de sa part !

» — Elle veut avoir la palme de la fraî-
» cheur... mais heureusement je sais le nom de
» cette pommade, il lui est échappé par inad-
» vertance... cela s'appelle de la... du... du
» bouquet éternel... Je me suis promis d'en
» avoir et en allant chez tous les parfumeurs,
» il faudra bien que je trouve l'inventeur...
» celui qui en vend.

» — Permettez, belle dame, vous aurez

» une terrible besogne à faire, s'il faut que » vous visitiez tous les parfumeurs de Paris. » Avec le nom de ce cosmétique nouveau, je » puis envoyer un de mes commis, il se char- » gera de cette recherche.

» — Non, monsieur, non, ce ne serait » pas du tout la même chose... il peut y » avoir plusieurs cosmétiques de ce nom, » mais son odeur, son parfum est tout parti- » culier... il faut donc l'avoir senti pour le » reconnaître. C'est pourquoi je ne puis m'en » rapporter qu'à moi-même... faites-moi

» donc faire cette liste, et envoyez là-moi
» dès qu'elle sera faite.

» — Il suffit, belle dame, vos désirs vont
» être accomplis... Ah ! vous serez bien ai-
» mable quand vous aurez trouvé ce précieux
» cosmétique d'en prendre aussi un pot pour
» moi...

» — C'est bien, monsieur, soyez tran-
» quille, on vous achètera de la fraîcheur...
» Ah ! envoyez-moi votre calèche avec cette
» liste, je m'en servirai pour commencer mes
» recherches.

» — A vos ordres, belle amie, à vos » ordres. »

Monsieur Bernouillet baise la main de Paola et s'éloigne enchanté, parce que cette dame a daigné lui sourire. Madame de Beauvert se lève, déjeune, puis fait sa toilette, en disant à chaque instant :

« — Je la trouverai la maîtresse de » Roger !.. oh ! je la trouverai !.. puisqu'elle » est chez un parfumeur... Comprends-tu, » Léontine, que ce monsieur refuse mes présents ?

» — Il est bien dégoûté... je n'en ai » jamais refusé, moi!..

» — Il a chez lui le portrait d'une effrontée... » qui est sa maîtresse...

» — Et madame va être obligée de visiter » tous les parfumeurs de Paris?

» — Bath! ça m'amusera! d'ailleurs, du » moment que j'aurai trouvé celle que je » cherche, tu penses bien que mes courses » seront finies.

» — Madame croit qu'elle la reconnaîtra?

» — Si je la reconnaîtrai ! oh ! je t'en ré-
» ponds ! ses traits sont gravés dans ma mé-
» moire, et il m'a dit lui-même que son por-
» trait était très-ressemblant... Mais cette
» liste n'arrive pas ! ce Bernouillet est si bête !
» est-ce qu'il ne m'aurait pas comprise !.. »

Enfin la voiture arrive, et le domestique apporte la liste des adresses, qu'il remet à la femme de chambre, celle-ci qui n'a pas manqué d'examiner aussitôt cette nomenclature de parfumeurs que l'on a eu l'attention de numéroter, s'écrie en la donnant à sa maîtresse :

« — Ah ! madame! il y en a deux cent
» cinquante-trois.

» — Eh bien, qu'importe !.. donne-moi
» un crayon, j'aurai soin de faire une barre
» sur tous ceux que j'aurai visités.

» — Vous ne pourrez jamais les visiter
» tous en un jour, madame!

» — Je ne le pense pas non plus, mais
» comme je suis maîtresse de mon temps, je
» le prendrai. »

Paola est montée dans la calèche, et sa liste à la main, visite d'abord les parfumeurs qui sont dans son quartier. A chaque boutique ou magasin, il faut qu'elle descende de voiture afin de passer en revue les demoiselles qui sont dans les comptoirs. Il y a des boutiques où cette revue est bien vite faite, le personnel de la maison ne se composant que de la parfumeuse et d'une demoiselle de comptoir. Mais il y a de grands magasins où plusieurs jeunes filles servent les acheteurs. Dans ceux-là, il faut que Paola reste plus longtemps afin d'avoir le temps d'examiner tous les visages, et même ceux qui sont occupés dans le fond du magasin. Tout cela demande du temps; ensuite cette dame ne peut pas entrer dans une boutique sans rien acheter. Chez l'un elle demande de l'eau de Cologne, chez l'autre du vinaigre de Bully; ici, de la pommade à la vanille, là de l'essence de rose. Enfin l'heure du dîner arrive et Paola rentre chez elle, avec une cargaison de parfums, de pommades et n'ayant pu visiter que vingt-sept parfumeurs.

Le lendemain sur les midi, la belle dame recommence ses courses et ses recherches sans être plus avancée. Au bout de quatre jours elle avait visité cent dix-neuf magasins de parfumerie, et son appartement était tellement encombré par les productions de ces industriels, qu'on ne savait plus où les placer et mademoiselle Léontine distribuait au concierge, à la fruitière, au pâtissier et à toutes ses connaissances du quartier des produits de la parfumerie, si bien que la fruitière sentait l'essence de rose, le garçon épicier se mettait du rouge et le concierge s'était teint les cheveux au point de ne plus être reconnu par les locataires.

Enfin, le cinquième jour madame de Beauvert est arrivée rue de Rivoli, et sa voiture s'arrête devant un superbe magasin de parfums. C'est celui dans lequel est employée Thélénie. Mais avant de descendre de sa calèche, madame de Beauvert ne peut s'empêcher de jeter un coup-d'œil sur le beau magasin de lingerie qui est de l'autre côté de la porte cochère ; elle avance même un peu la tête pour regarder les personnes qui sont dedans; mais presque aussitôt, et comme si elle craignait d'avoir été remarquée, cette dame entre vivement chez le parfumeur, et la première personne qu'elle aperçoit, parmi plusieurs autres demoiselles, c'est l'original du portrait qui est dans l'atelier de Roger. Paola éprouve une émotion où se mêlent à la fois de la joie, de la jalousie et de l'envie, car elle ne peut se dissimuler que la demoiselle est fort jolie, mais commandant bientôt à ses sentiments, elle affecte un air gracieux et s'adresse directement à Thélénie en lui disant :

« — Mademoiselle, je voudrais... plu-
» sieurs objets de toilette... de l'essence de
» violette... de tubérence... de la poudre
» pour les dents... Ah ! il me faut aussi du
» *cold cream*... On pourra m'envoyer tout cela
» chez moi, n'est-ce pas ?..

» — Assurément, madame, si vous voulez
» bien donner votre adresse...

» — Madame de Beauvert, rue de Na-
» varin, dix-neuf... »

En entendant cette adresse qui est aussi celle de son amant, Thélénie n'est pas maîtresse d'un mouvement de surprise, et elle regarde avec plus d'attention la dame qui lui parle. Celle-ci, sans paraître remarquer le trouble de la demoiselle, reprend :

« — Ah! il me faudra beaucoup de cold
» cream, car j'en prends pour deux... et mon
» artiste me gronderait si j'oubliais ce que
» je dois acheter pour lui!... Voyons!.. que
» je me rappelle ce que Roger m'a demandé...
» j'ai si peu de mémoire... »

Thélénie est devenue cramoisie en entendant prononcer le nom de Roger, elle dévore des yeux Paola et balbutie :

« — Madame a dit... madame veut...
» quelque chose pour un monsieur...

» — Oui, du savon pour la barbe... du
» savon pour les mains... une petite éponge
» bien fine...

» — Et tout cela pour un monsieur qui
» se nomme... Roger ?

» — Edouard Roger, peintre... il demeure
» dans ma maison...

» — Et il faut envoyer cela chez ce mon-
» sieur?

» — Oh !.. chez lui... ou chez moi... c'est
» la même chose... envoyez tout chez moi...
» il y est plus souvent que chez lui... »

Si les yeux de Thélénie étaient des pistolets, Paola serait tuée depuis longtemps... la colère qu'elle fait naître rend celle-ci radieuse. Elle se dandine, se drape dans son châle, se pose avantageusement, tout en disant :

« — Voyons, n'ai-je rien oublié pour mon
» Roger... je ne voudrais pas qu'il crut que

» je suis distraite en l'écoutant, il est si » gentil avec moi !..

» — Son Roger ! entends-tu ! elle dit : » mon Roger ! » murmure Thélénie à l'oreille d'une de ses camarades. « Ah ! j'ai envie de » la dévisager cette femme !..

» — Ne fais pas de bêtises, Thélénie, ma- » dame te regarde. »

La parfumeuse venait de s'avancer vers cette belle dame qui demandait tant de choses, elle lui offrait d'autres cosmétiques nouveaux pour conserver la fraîcheur, la beauté, les dents, les cheveux et la jeunesse. Mais Paola a tout ce qu'elle voulait; elle s'aperçoit que Thélénie change de couleur à chaque instant, et qu'il lui prend des mouvements nerveux, ne jugeant pas à propos d'attendre que sa rivale lui saute aux yeux, elle laisse son adresse, et remonte en sa voiture, en se disant :

« — Cette fois, j'ai réussi? »

CHPPITRE VINGT-SIXIEME

XXVI

Le temps se brouille.

Depuis que Roger est persuadé que Marie n'a pas été la maîtresse de Lucien, depuis surtout qu'il a cru entrevoir qu'il n'était pas indifférent à la jeune lingère, son plus ardent désir est de la revoir, afin de lui répéter cet aveu qu'il venait à peine de lui faire, lorsque Thélénie par sa brusque arrivée, l'a empêché d'en connaître le résultat.

Mais comment revoir Marie? monter à sa chambre c'est s'exposer à se trouver encore avec Thélénie, et puis Marie descend maintenant de très-bonne heure à son magasin. Est-ce de crainte de recevoir seule la visite du jeune artiste, est-ce par prudence ou par indifférence qu'elle agit ainsi. Roger se demande tout cela, et comme à présent il ne veut plus combattre ce nouvel amour qui s'est emparé de son cœur, il est décidé à employer tous les moyens possibles pour parler à Marie sans être aperçu par les demoiselles du parfumeur.

Marie sortait seule rarement, cependant quelque fois elle était envoyée chez une pratique. Depuis deux jours Roger guettait inutilement, mais enfin le troisième il voit Marie sortir de son magasin, un petit carton à la main. Il attend qu'elle soit assez éloignée pour n'être plus aperçue de sa demeure, et alors en quelques secondes il l'a rejointe, il peut lui parler.

En voyant Roger à côté d'elle, la jeune fille fait un mouvement de surprise ; mais ses yeux expriment plutôt le plaisir que la contrariété, et elle balbutie :

« — Quoi... c'est vous, monsieur !.. Ah !
» par quel hasard !.. moi, qui sors si
» peu...

» — Ce n'est point un hasard, chère
» Marie, depuis quelques jours je passe une
» partie de mon temps dans les environs de
» votre magasin... car j'avais besoin de vous
» revoir, de vous parler... de vous répéter ce
» que l'autre jour j'eus à peine le temps de
» vous dire... Je vous aime, Marie, je vous
» aime...

» — Ah ! monsieur... je vous ai déjà ré-
» pondu que ce serait bien mal à moi de
» vous écouter... puisque ce serait faire de
» la peine à Thélénie !..

» — Mais, moi, je vous ai dit que ma
» liaison avec Thélénie était déjà à peu près
» rompue...

» — A peu près... cela ne veut pas dire
» tout à fait !

» — Je cherche une occasion pour rompre

» entièrement...je ne vais plus à aucun des
» rendez-vous qu'elle me donne, je suis bien
» certain que déjà elle songe à me donner un
» successeur... si ce n'est pas déjà fait...

» — Pourquoi penser cela, monsieur,
» vous jugez mal Thélénie, elle peut être
» étourdie, légère, mais elle est franche et
» du moment qu'elle cessera de vous aimer,
» elle vous le dira sur-le-champ.

» — Et vous, vous êtes bonne, car vous

» prenez toujours la défense des autres ; mais
» au moins dites-moi, si lorsqu'il n'y aura
» plus entre nous de Thélénie, vous pourrez...
» m'aimer un peu... »

Marie est bien émue, elle balbutie :

« — Vous aimer... mon Dieu... je ne
» pourrai peut-être pas m'en empêcher...
» mais ce ne sera pas comme Thélénie, moi...
» je ne veux être la maîtresse de personne !

» — Ah ! chère Marie, je ne vous en de-

» mande pas davantage... être aimé de
» vous, n'est-ce pas déjà le plus grand bon-
» heur qu'on puisse goûter...

» — Ah! monsieur Roger, ne prenez pas
» ma main dans la rue... si on nous remar-
» quait...

» — Pardon, pardon, mais je suis si
» heureux...

» — Ah! rappelez-vous aussi que je veux
» vous prouver la fausseté des propos que ce

» monsieur Lucien a tenus sur moi... et pour
» cela...

» — Soyez tranquille... je verrai Lucien
» sous peu, et il sera facile de le faire tom-
» ber dans le piége que nous lui tendrons...
» je monterai à votre chambre vous pré-
» venir, dès que je saurai où vous serez cer-
» taine de le rencontrer.

» — C'est bien, mais à présent quittez-
» moi... me voici devant la maison où l'on

» m'envoie... et je vous en prie, ne m'atten-
» dez pas dans la rue... retournez travailler,
» monsieur, et ne passez plus votre temps à
» me guetter...

» — Vous le voulez... je dois vous obéir...
» Oh! mais aujourd'hui je m'éloigne bien
» content, bien heureux! Au revoir, chère
» Marie! »

Roger prend la main de la jeune fille et une douce pression répond à la sienne. Il s'é loigne alors ravi, enchanté, et léger comme une plume : je l'ai déjà dit quelque part, le bonheur nous donne des ailes, tandis que le malheur nous alourdit, mais il n'est pas défendu de répéter les vérités.

Le jeune artiste était depuis peu de temps de retour dans son atelier, où tout en travaillant il ne pensait qu'à Marie, lorsque la porte du carré est ouverte brusquement, et la belle Thélénie entre, toute pâle, toute bouleversée, roulant des yeux où brille la colère, et vient d'un pas accéléré se placer devant Roger en s'écriant :

« — Ah ! monstre ! traître ! perfide !.. je
» connais votre conduite... je ne m'étonne
» plus à présent si depuis quelque temps
» monsieur me néglige... s'il manque à tous
» les rendez-vous que je lui donne... s'il est
» froid, maussade avec moi... Oh ! je me
» doutais bien qu'il y avait quelque chose...

» Vous comprenez que je ne suis pas une
» oie! que je ne me laisse pas jobarder comme
» une Bouci-boulà et tant d'autres!... Je con-
» nais les hommes, moi!.. je ne suis pas la
» dupe de leurs détours, de leurs petits men-
» songes... mais cependant je l'avoue, je
» ne vous aurais pas cru faux, traître à ce
» point-là!.. »

Roger, tout étourdi par ce déluge de paroles, que Thélénie vient de lui lancer au visage, sans même reprendre sa respiration, se demande si par hasard la belle brune l'a vu causant dans la rue avec Marie, et répond en hésitant :

« — Mais mademoiselle... pourquoi me
» dites-vous tout cela... à quel propos?

» — Oh! à quel propos est joli... mon-
» sieur veut encore faire l'innocent... mais je
» vous répète que je sais tout, entendez-
» vous... je sais tout, depuis tout à l'heure
» que votre nouvelle maîtresse est venue à
» notre magasin...

» — Elle a été à votre magasin...

» — Oui... tout à l'heure... elle est arri-
» vée en calèche, faisant un embarras de
» cheval... Ah! il vous faut des princesses
» de ce genre-là!.. Madame de Beauvert!..
» ce nom!.. son vrai nom est peut-être
» Toinon, ou Margot!.. Mais dites donc, elle
» n'est pas jeune votre nouvelle passion, je
» ne vous en fais pas mon compliment...
» elle a beau se mettre des cosmétiques, des
» parfums... du rouge au visage... nous con-
» naissons tout cela! elle n'en est pas plus
» fraîche... je parie que cette femme-là a au

» moins quarante ans, si elle n'a pas plus..
» Et c'est pour cette vieille fripée que vous
» me trompez, moi qui n'ai pas encore vingt-
» deux ans, et qui sans me flatter ne peux
» pas faire un pas dans la rue sans m'en-
» tendre dire : Ah! la belle fille!.. Mais les
» hommes se fichent pas mal qu'on soit belle
» et bien faite!.. ils faut qu'ils changent,
» qu'ils aient de nouvelles figures. Ils pren-
» draient une bossue, une boiteuse plutôt que

» de rester fidèles à la même femme!.. Ah!
» les vilains merles !.. »

Depuis qu'il sait que c'est de madame de Beauvert qu'il s'agit, Roger se rassure, il est même enchanté de tout ce qu'il entend, puisque cela va lui fournir l'occasion qu'il cherchait pour rompre entièrement avec Thélénie. Aussi, loin de chercher à la détromper, à dissiper sa jalousie, il se contente de dire :

« — Mais comment donc avez-vous pu
» savoir... qui donc vous a appris...

» — Votre liaison avec votre voisine du
» premier... car je sais qu'elle demeure au
» premier cette pimbèche... et tout à l'heure
» elle le verra que je le sais!... Vraiment
» monsieur, c'est elle-même qui est venue
» me le dire!.. Oh! elle ne s'en cache pas!
» bien au contraire... elle affecte de répéter
» à chaque instant : Il me faut du savon

» à barbe pour mon Roger... du cold cream
» pour mon Roger!... Oh! que j'avais bien
» envie de lui dire : Mais, vieille pomme
» cuite, il est autant à moi qu'à toi, le Roger
» en question!.. et si tu te flattes de le possé-
» der toute seule, je te rendrai des points au
» corbillon!.. Je me suis contenue par res-
» pect pour le magasin!.. et je me suis dit :
» Perdre ma place pour ce monsieur, en vé-
» rité ce serait trop bête, et il n'en vaut pas

» la peine!.. Il paraît qu'elle vous fournit de
» la parfumerie votre dame, peste, on ne s'en
» prive pas... et puis ce genre de dire :
» Envoyez ça chez Roger ou chez moi, c'est
» la même chose! Comme pour dire : Nous
» faisons ménage ensemble... Ah! je ne m'é.
» tonne plus si je trouvais mon portrait re-
» tourné quand je venais ici... Je gage que
» c'est madame de Beau... gazon qui se per-
» mettait cela... hein? n'est-ce pas que c'est

» elle qui mettait ma figure du côté du mur...

» Ah! monsieur rit... monsieur trouve cela » drôle... scélérat!.. fourbe, il ne cherche » pas à nier maintenant...

» — A quoi bon nier... puisque vous sa» vez tout... d'ailleurs, ma chère Thélénie, » vous savez bien que les liaisons ne sont » jamais éternelles...

» — C'est possible!.. Tenez, je ne dirais

» rien, si vous m'aviez lâchée pour une autre
» femme jeune et gentille... mais me préfé-
» rer une vieille momie qui a trois couches
» de pommades sur la peau!.. ah! je ne puis
» pas avaler cela... Ah! madame, vous re-
» tournez mon portrait! je le comprends bien!
» le vôtre ne brille pas à côté!.. mais vous
» n'aurez plus le plaisir de me faire baiser la
» muraille... en voilà assez! »

Et Thélénie courant décrocher le portrait, arrache du cadre le dessin, puis le déchire et le foule aux pieds en s'écriant :

« — Tenez, monsieur, voilà le cas que je
» fais de vos ouvrages... Vous n'étiez pas
» digne de posséder mon portrait, faites celui
» de votre nouvelle Dulcinée, cela pourra
» plus tard servir d'enseigne à un marchand
» d'antiquailles !.. adieu... je vous déteste !..

» — Thélénie, on peut se quitter sans se
» fâcher...

» — Non, non, non, vous êtes un ingrat!
» et je ne vous pardonne pas de me pré-
» férer une marquise de pretintailles!
» Adieu!.. »

Thélénie sort de l'atelier aussi brusquement qu'elle y est entrée ; elle descend rapidement deux étages, alors elle s'arrête, «

croyant que Roger la rappellera ; mais comme il n'en fait rien, elle se remet à sauter les marches, et arrivée au premier, se jette sur le cordon de la sonnette et le tire avec tant de violence qu'il lui reste dans la main. Cependant au tintamarre qu'a fait la sonnette, mademoiselle Léontine est accourue, elle ouvre la porte en disant :

« — Qui est-ce qui se permet de sonner » au point de casser notre cordon ? »

Thélénie, qui est déjà devant la loge du concierge, relève la tête en s'écriant :

» — C'est moi... je viens de chez *mon*
» *Roger,* vous direz à votre maîtresse que je
» lui enverrai incessamment une perruque,
» des dents et des molets. »

Dans la soirée qui suit cette journée, Thélénie n'est rentrée à la demeure commune que fort tard, et ses deux camarades de chambrée dorment profondément; ce qui l'empêche d'épancher près d'elles tout ce qu'elle a sur le cœur; et, bien que depuis sa sortie de l'atelier elle ait conté à toutes les personnes qu'elle a vues sa rupture avec Roger, elle éprouve toujours le besoin d'en parler encore. Aussi le lendemain matin elle est éveillée plus tôt que de coutume, et c'est elle qui réveille ses deux compagnes, en leur criant :

« — Ah ! mesdemoiselles !.. ouvrez donc
» un peu l'œil... vous êtes trop dormeuses ce
» matin !.. et puis j'ai bien des choses à vous
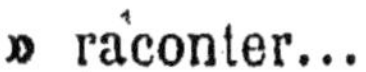
» raconter...

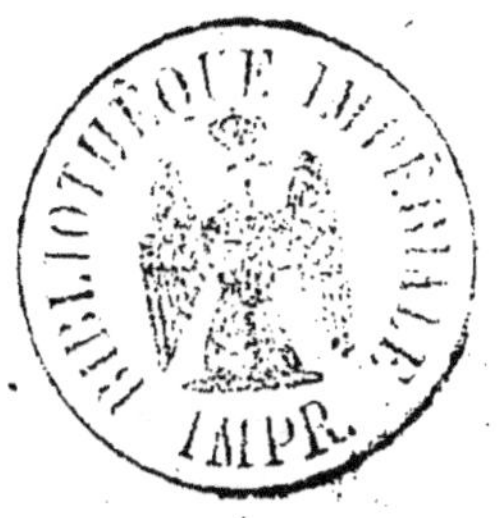

FIN DU QUATRIÈME VOLUME

TABLE

DES CHAPITRES DU QUATRIÈME VOLUME

Wassy. — Imp. Mougin-Dallemagne.

Wassy. — Imp. de Mougin-Dallemagne.

www.ingramcontent.com/pod-product-compliance
Lightning Source LLC
La Vergne TN
LVHW020618110826
845149LV00002B/513

* 9 7 8 2 0 1 9 2 2 5 9 5 7 *